新しい生徒指導の手引き

すぐに使える「成長を促す指導」「予防的な指導」「課題解決的な指導」の具体的な進め方

諸富祥彦 著

図書文化

はじめに

本書は、これからの新しい生徒指導をどうおこなっていくか、学校現場におけるその具体的な進め方について記した手引書です。

平成二十二年に、文部科学省が発行した『生徒指導提要』は、それまで三十年以上にわたって学校現場における生徒指導の道標となってきた『生徒指導の手引』の改訂版です。

『生徒指導提要』が発行されたことには、さまざまな大きな意味がありますが、なかでも私が大きな意味があると考えるのは、生徒指導には、「問題解決的な生徒指導」だけでなく、「予防的な生徒指導」や「子どもの成長を促す発達促進的な生徒指導」がある、ということを明示したことにあります。

すなわち、生徒指導は、①問題を起こした生徒への指導にとどまるのではなく、②不登校や非行などの問題が発生する前に、それを前もって予防する指導や、③いまのところ何の問題も呈していない生徒がさらなる人間的成長を果たしていくための指導、という三つの次元からなっていることを明示したのです。

しかし残念なことに、その「発達促進的・予防的な生徒指導」が具体的にはどのようにすれば学校でうまく活用できるのか、は記されていません。

この点について、本書は「生徒指導プログラム」という具体的な実践方法を紹介しています。そして「生徒指導プログラム＝アセスメント＋（構成的グループエンカウンターなどの）グループアプローチ」というプログラムの具体的な進め方を示しました。

これからは、生徒指導担当者のおもな役割の一つは、各学校、各学年、各学級にふさわしい生徒指導プログラムを作成し実施していくリーダーとなることと考えるようになるでしょう。

本書は、その具体的な方法を示しています。

そればかりではありません。

発達障害、不登校、いじめ……といった学校のさまざまな問題について、『生徒指導提要』の要点を紹介しながら、「私なら、こうする」という具体的な解説をしました。

すなわち、

①　問題を起こした生徒への指導

②　問題が発生する前に、それを前もって予防する指導

③　いまのところ何の問題も呈していない生徒がさらなる人間的成長を果たしていくための指

導

という三つの次元の生徒指導について、単なる抽象的な理念にとどまらず、「こうしてみては?」という実践的なヒントを示した、まさに「生徒指導全般について具体的な指針を示した手引書」――それが本書なのです。

何か一つでも、読者の役に立つことができればと願っています。

諸富祥彦

目次

第Ⅱ部　「新しい生徒指導」はこう進める！　47

第Ⅰ部

「生徒指導」とは何か

第１章　そもそも「生徒指導」とは何か
第２章　「自己指導能力」を育てる

第1章　そもそも「生徒指導」とは何か

そもそも、「生徒指導」とは何であるのか――平成二十二年に文部科学省から出された『生徒指導提要』の記述にそって、私の考えを示します。

●生徒指導とは何か

生徒指導の概念とは――『生徒指導提要』の冒頭より

『生徒指導提要』の冒頭には、生徒指導という概念の柱――つまり、生徒指導とはそもそも何であるのか――が述べられています。少し長くなりますがそのまま引用し、『提要』の記述に私の解釈を加えながら、詳しくみていきましょう（傍線筆者）。

「生徒指導とは、一人一人の児童生徒の人格を尊重し、①個性の伸長を図りながら、社会的資質や行動力を高めることを目指して行われる教育活動のことです。すなわち、生徒指導は、②すべての児童生徒のそれぞれの人格のよりよい発達を目指すとともに、学校生活がすべての児童生徒にとって有意義で興味深く、充実したものになることを目指しています。生徒指導は学校の教育目標を達成するうえで③重要な機能を果たすものであり、④学習指導と並んで学校教育において重要な意義を持つものと言えます。

各学校においては、生徒指導が、⑤教育課程の内外において一人一人の児童生徒の健全な成長を促し、⑥児童生徒自ら現在及び将来における自己実現を図っていくための自己指導能力の育成を目指すという生徒指導の積極的な意義を踏まえ、学校の教育活動全体を通じ、その一層の充実を図っていくことが必要です。

①生徒指導の目的――「社会の中での個」の成長。「社会的リテラシー」の育成

生徒指導の目的とは、一人一人の子どもたちが、社会的に有意義な活動ができるように成長していくという「社会の中での個の成長」を支えていくことです。これは、自分というものをもたない、体制順応的な人間をつくるという集団主義的な教育を意味しているのではありません。「主体性をもちつつも社会の中で有意義に活動できる人間」を育成していく、という意味です。

「個性の伸長を図りながら、社会的資質や行動力を高めることを目指して行われる教育活動」

という一文に、この日本社会の中で、「よりよい社会の創造につながる、自分をもった個」を育成していくこと、これが生徒指導のめざすものであることが明確に述べられているのです。

②生徒指導の対象――「すべての児童生徒」

生徒指導について、反社会的な問題行動をする子どもや非行傾向のある子どもなど、「何らかの問題を抱えた子どもを対象にした問題解決型生徒指導、事後対応型生徒指導」というイメージを抱いている方は少なくないと思います。実際に、学校の生徒指導部会でも、そうした子どもたちを各学年でピックアップして報告し合い、対応を話し合っていくのが通常だと思います。

しかし、生徒指導の本来の対象は、一部の子どもたちだけではなく「すべての児童生徒」です。このことがここで改めて強調されているのです。

③生徒指導は「重要な機能」を果たすものであること（**生徒指導機能論**）

生徒指導機能論、すなわち、生徒指導は学校教育で重要な役割を果たす「機能」であるという考えは、日本の生徒指導論のパイオニアである坂本昇一先生（千葉大学名誉教授）の提唱によるものです。

「生徒指導とは、子どもたちの自己指導能力の育成を目的として、教育活動全体に作用する機能である」とし、具体的には「自己存在感」「共感的人間関係」「自己決定」の三つの機能をあげ、これらを全教育活動に作用させるべきだという考えです。

④生徒指導と学習指導の領域の線引きはできない

『提要』では、生徒指導は**「学習指導と並んで学校教育において重要な意義を持つ」**として生徒指導と学習指導を並記しています。これは、一見すると、「生徒指導領域論」（生徒指導は、学習指導と並ぶ別の「領域」である、という考え）のように見えます。しかし、単純に「学習は勉強の指導で、生徒指導は問題行動への取組み」と分けてしまうのは誤りです。学習指導と生徒指導の関係については、例えば、各教科の授業において、教師が生徒の一つ一つの発言にていねいに耳を傾けたり、特定の生徒をからかうような発言にはビシッと注意を与える、といったような振る舞いが同時に生徒指導にもなっています。このことから、「ここまでが学習指導で、ここからが生徒指導」と明確な線引きはすべきではありません。

⑤生徒指導をどこで行うか――「教育課程の内外」において

では、生徒指導をどこで行うか――これについては、**「教育課程の内外において」**という一文で明確に位置づけられています。「教育課程の内」でいえば、例えば、総合的な学習の時間や特別活動の時間、あるいは国語や算数など各教科の時間において、子ども同士の人間関係をつくっていくように留意して授業を行うことで生徒指導の機能を実現していくことができるわけです。各学校で独自に子どもの心を育てるプログラムや、人間関係のプログラムを組み、取り組んでいくこともできます。

いっぽう「教育課程の外」で行う生徒指導としては、子どもたちの悩みに個別に対応する教育相談などがあります。しかしそれだけではなく、例えば廊下ですれ違う一人一人への声かけも生徒指導の一場面であり、日常的な一場面一場面がすべて生徒指導の場となりうるのです。

つまり、生徒指導には、意図的・計画的に時間割に組み込んで実行する活動と、日常場面で子どもたちの状態を見て臨機応変にかかわっていく活動の二つがあり、これらすべてを含み込んでいるのが生徒指導であるといえるでしょう。

⑥生徒指導の原理とは――「自己指導能力」の育成

子どもたちが自己実現を図っていくときにいちばん重要になるものが、生徒自らが自らを導き指導していく力、「自己指導能力」です。『提要』では、自己指導能力について「生徒指導の積極的な意義」であると述べられています。この「一人一人の生徒の自己指導能力の育成」こそが生徒指導の根本であり、生徒指導全体を貫く指導原理なのです。

●『生徒指導提要』は、『生徒指導の手引』から、どう変わったか
――「社会的リテラシー」の育成――

『生徒指導提要』は、約三十二年前（一九八一年）に改訂され、実に三十年にわたって日本の生徒指導のバイブル的な存在であり続けた『生徒指導の手引』（文部省）の改訂版という意味合いをもっています。そしてこの改訂にあたって、この三十年の間に生じた社会の変化やそれに対応する新たな考えと実践——特別支援教育やキャリア教育、エンカウンターやピアサポート、ソーシャルスキルトレーニングなどによる育てるカウンセリングの実践、社会性を育てる心理教育的プログラムの開発と実践など——に関する記述を盛り込んだ内容になっています。

そして、今回の『提要』において、ある意味で最も重要な改訂部分は、「社会の形成者」にふさわしい資質や能力の涵養（p224）であり、「人々が社会のなかで生活し、個々の幸福の実現と社会を発展させていくための包括的・総合的な『社会的なリテラシー』」（p225）の育成ということを強調している点にあります。『提要』の前半部分では、三十年前の『手引』の考えを引き継いで、「自己指導能力」「自己決定」「自己解決能力」「自己存在感」といった「個」の側面が強調されているのに対して、『提要』後半部分では、そうした「個の成長」が「個々の幸福の実現」とともに「社会を発展させていく」ものである必要が説かれ、「社会的リテラシー」「自己と社会とのつながり（ソーシャル・ボンド）」といった概念が提示されています。言ってみれば、『提要』前半では、「社会の中の個」の成長ということとの「個」の側面が強調されているのに対し、『提要』後半では、それが「社会」の発展につながるものでなくてはならないという側面が強調されることで、バランスがとられているのです。その背景の一つには、この三十年の社会の変化に伴って、学校教育においても児童生徒の社会的職業的自立を促していくキャリア教育の重要性が増してきていることなどもあるでしょう。

そして、そうした見地から、さまざまな知識やスキル、資質や能力を統合して主体的に行動できるようになることで、「社会の目的を達成していく包括的・総合的な能力」、すなわち「社会的なリテラシーの育成」こそが「生徒指導の最終目標」である（p225）とストレートに述べられているのです。

●生徒指導の三つの目的と二つの方法

「積極的生徒指導」とは

次に、生徒指導の目的について、押さえておきたいと思います。

『提要』の刊行以前に生徒指導についての基本図書だった『生徒指導の手引』（文部省、一九八一年）では、生徒指導を「積極的生徒指導」と「消極的生徒指導」に分ける考え方がとられてきました。問題を抱えた子どもたちを対象にした「問題解決的な生徒指導」が「消極的な生徒指導」。いっぽう、問題を起こす前から予防的・発達促進的にすべての子どもたちを対象に人格形成に積極的に取り組んでいくことを「積極的な生徒指導」と呼んでいました。

この分類は、「生徒指導は本来、問題を起こした生徒の指導のことを言うのではない。すべての子どもを対象にその人格形成に積極的に働きかけていくことを言うのだ」という、生徒指導の本質に気づいてもらうために、大きな意味をもっていました。

しかし、積極的・消極的という言葉の語感から、ともすれば、先生方の意欲の問題と勘違いされてしまうことがあります。消極的生徒指導というと、「教師がやる気のない指導をする」ことだという誤解を生むことがあったのです。

これに代わって『提要』では、生徒指導には、「集団指導と個別指導のどちらにおいても、①『成長を促す指導』、②『予防的指導』、③『課題解決的指導』の三つの目的」（p14）がある、という考えを打ち出しています。これをみてみましょう。

生徒指導三つの目的

生徒指導というと、何らかの問題を抱えた生徒を指導する、というイメージがあると思いますが、これが「課題解決的な指導」（『手引』での消極的生徒指導）です。

しかし『提要』で明確に示されたように、生徒指導には三つの目的があります。生徒指導は、①「成長を促す指導」、②「予防的な指導」、③「課題解決的な指導」の三つから成るのです。

①「成長を促す指導」と②「予防的な指導」では、課題（問題）が起きる前に、成長を促したり予防したりする活動が、その中心となってきます。

生徒指導の三つの目的

①成長を促す指導
②予防的な指導
③課題解決的な指導

またこれを、「個別指導」と「集団指導」という二つの面から見ると、次頁のような分類になります。このように、①「成長を促す指導」や②「予防的な指導」は、集団指導、とりわけ、あらかじめ意図的計画的に練られたプログラムによる指導が主となります。その手法としては、構成的グループエンカウンター、ソーシャルスキルトレーニング、ピアサポートなどのグループアプローチによる指導が中心であり、カウンセリング等などによる個別指導はその補助的位置づけです。一方、③「課題解決的な指導」にあたっては、カウンセリング等の方法による臨

機応変に行われる個別指導がその中心であって、グループアプローチによる意図的計画的な指導はその補助的な位置づけにあると考えられます。

生徒指導の三つの目的と二つの方法

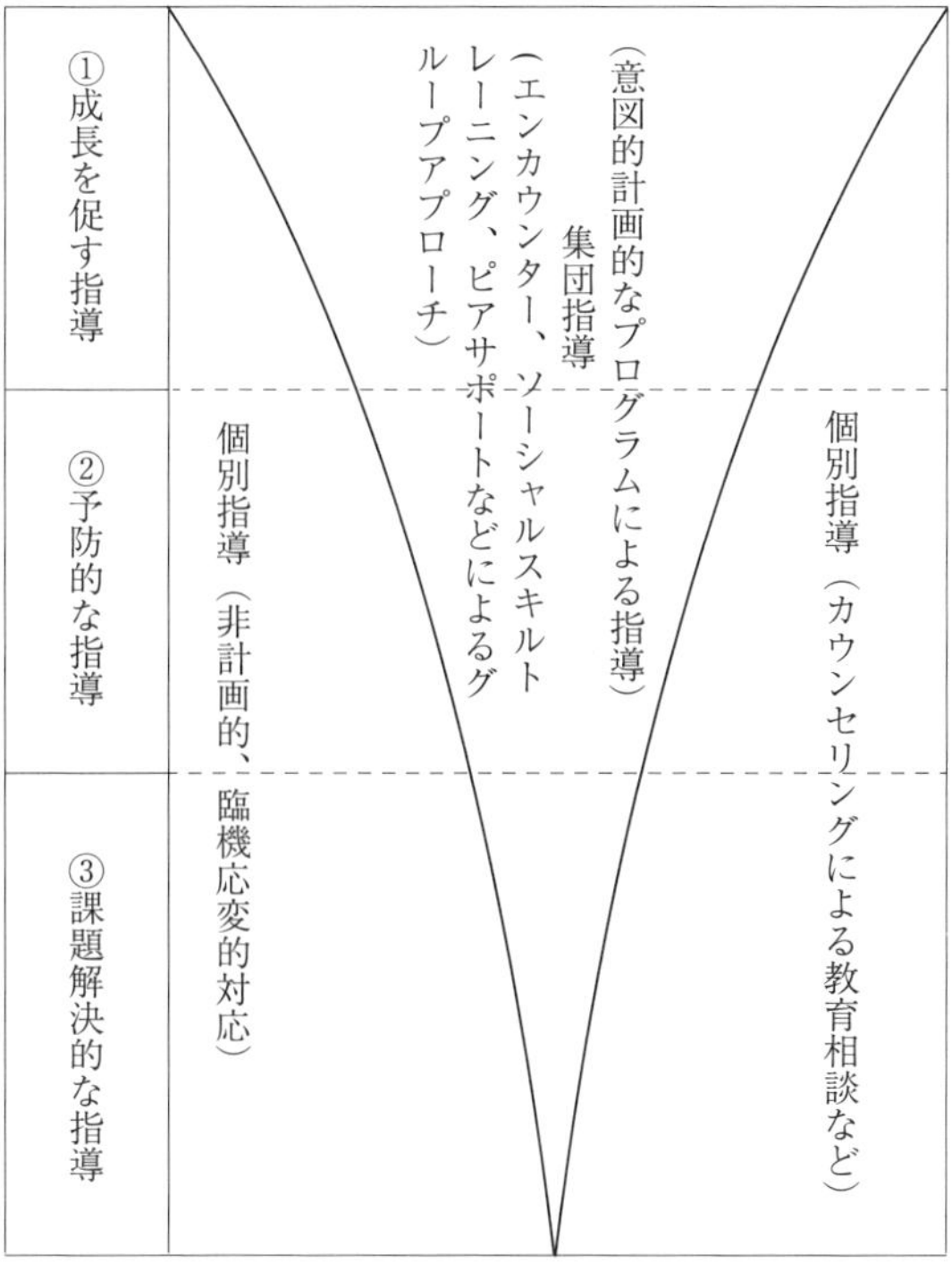

『生徒指導提要』において、生徒指導のもつ三つの目的を論理的に区分けしたことは非常に重要な意味をもっています。これによって、次々と起きる問題に場当たり的に対応するのでは

なく、生徒一人一人の成長を促したり、問題が起きる前に予防したりすることが生徒指導の本来のあり方であることが改めて浮き彫りになったからです。

「①成長を促す指導」、「②予防的な指導」を行う具体的な方法としては、例えば構成的グループエンカウンターで学級づくりをして不登校を予防したり、キャリア開発プログラムで生徒のキャリア志向性を高めて成長を促す、といった取組みがあげられます。

さて、あなたの学校での生徒指導は、この①②③にバランスよく取り組んでいるでしょうか。③に偏っていませんでしたか。

ここで生きてくるのはプログラムという発想です。学校全体でめざす児童生徒像とは何か、あるいは、いま、自分の学校、自分の学級の子どもたちの状態はどのようであるのか、それを見きわめ（学校アセスメント・学級アセスメント）、予防や成長のためのプログラムを作成する、という発想が今後ますます重要になってくるでしょう（63ページ参照）。

生徒指導担当者の本来の役割は、問題が起きてから警察と連携して事後対応を行うといったものではありません。むしろこれからは、年間指導計画を立ててプログラムを作り、子どもたちの成長を促したり、さまざまな問題が起きるのを予防していく、その中心的役割を担うことが求められてくるのです。

第2章　「自己指導能力」を育てる

自己指導能力を子どもたちの中に育てることこそが、生徒指導の本来のねらいです。三十年前に提唱され、今日まで脈々と引き継がれているこの言葉の本来の意味をみていきましょう。

●「自己指導能力」とは何か

生徒指導の究極のねらいとは

自己指導能力とは何か、この言葉の提唱者である坂本昇一先生の著書からみてみましょう。

「生徒指導の究極のねらいは、児童生徒の中に『自己指導』の力を育てることである。自己指導の力とは、このとき、この場でどのような行動が正しいか自分で判断して実行する力を意味する。そして選択する行動が正しいかどうか判断する根拠は、自己実現と他の人の主体性の尊重である。すなわち『自分も喜び、みんなも喜ぶ』ということを基準にして、自分の行動の決定をすることができる――これが『自己指導』の力ということである。

それゆえ、生徒指導においては、児童生徒が決めたことを決められたとおりやるということでなく、自分で考えて決めて実行するということが大切にされる。すなわち『自己決定』が大事にされる。そして、つねに『相手』と『自分』の両者を中心にすえて行動するよう指導される」（『生徒指導の機能と方法』文教書院　一九九〇年）

さて、生徒指導というと、「教師が子どもたちを指導するもの」と考えがちです。そのため「自己指導能力」という言葉のとらえ方にも一部で誤解が生じているようです。

自己指導能力とは、「教師が子どもたちを指導する代わりに、子どもたちが教師の指導を先取りし、教師の期待に添う行動ができるようにすること」ではありません。坂本先生の記述にあるように、**「自分で考えて自分で決めて実行する」**のが自己指導なのです。

子どもたちが自分の気持ちを見つめ生き方を探り、決定していく。この過程を援助していくのが教師の役割です。これが自己指導能力の育成であり、生徒指導のめざすものです。

子どもたちが自分自身で考えて実行するには、「こうすべきだ」と上から指導を入れるのではなく、**「君はほんとうはどうしたいんだろうね」**と折にふれて子どもたちに問いかけていくこと。これが、自己指導能力を育成するための教師のかかわりといえるでしょう。

「自己指導能力」の背景にある実存主義

ここで、「自己指導能力」という考えが生まれた背景について、見ていきたいと思います。

自己指導能力とは、生徒指導のパイオニアである坂本昇一先生が、『生徒指導の手引』（一九八一年）で提唱された言葉です。

坂本昇一先生が博士論文の執筆に取り組まれた一九六〇年代は、カール・ロジャーズ、ロロ・メイといったアメリカのガイダンスやカウンセリングが急速に発展した華々しい時期です。そのとき中心になった学問は、人間性心理学あるいは実存心理学です。カール・ロジャーズ、ビクトール・フランクル、ロロ・メイ、マルティン・ブーバーといった実存的傾向の強い思想家が、アメリカのガイダンスやカウンセリングに大きな影響を与えていた時期であり、日本におけるガイダンスやカウンセリングの基礎もこの影響下に形づくられていくことになります。

当時のアメリカのガイダンスやカウンセリングのさまざまな考え方を集約すると、自分の力を発揮して自己成長し、自分で自分の生き方を決定する「自己決定」を大切にする考えです。そしてこの考え方の背景にあるのは「人間には自己決定の能力がある」と考える実存主義です。

実存主義の根本的な考え方は、わかりやすく言えば**「自分が自分の人生の主人公である」「自**

分がどうあるべきか、自分がどう生きたいかを自分で考え、自分で決める」「自分で自分の人生を切り開いていく」というものです。

押さえ込む指導から、自分で自分を導く指導へ

いっぽう、当時の日本の生徒指導は、集団主義であり規律中心的でした。

上から押さえ込むような指導が行われ、ある程度の体罰も容認されている雰囲気がありました。その状況の中、坂本先生が、日本の学校の中でアメリカのガイダンスの考えをどのように定着させていくか、おそらく考えに考え抜かれた末に生まれた言葉が「自己指導能力」であったと思います。

この言葉のもつ重要な意義は、二つあります。一つは、教師が外から押さえ込む生徒指導を引っくり返して、生徒は「自分で自分を指導し、導いていき、成長していく存在だ」としたこと。もう一つは、「自己指導」できる「力」、つまり「自己指導能力」はすべての子どもに備わっている、とした点です。

目の前の問題一つ一つについて「この問題を自分がどう考え、どう解決したらいいのか」と、子どもたちが自分に問いかけ、解決策を考え、決定し、実行していく。自分で自分の人生を切り開いていく。生涯にわたり自分自身を導いていく力を自己指導能力と呼ぶのです。

自己指導能力の育成について『提要』では、教師が子どもたちに「与える」「導く」「型にはめる」という方法ではなくて、「自発性や自主性をはぐくむ」ことだと、解説しています。「人格形成については、『子どもが望ましい大人になる』というように、児童生徒自身が主語となる形で行われていく必要がある」という一文に、自己指導という言葉の意味が示されています。

教師は黒子に徹する

自発性や主体性は、子どもたちを放っておけば育つというものではありません。教師は表に立たず黒子に徹することで、こうした力を身につけさせるのです。

例えば、キャリア教育の一環として、著名人を講師に招き、子どもたちの前で講演を行う学校もあるでしょう。しかしたいていの学校では、子どもたちはただ聞いているだけか、代表質問をさせる程度。これでは効果は、テレビを見ているのと大差がないように思います。一方的に講演を聞いただけで人生が変わる子どもなど、ほとんどいません。

自発性・主体性を育むためには、子どもたち自身が主体になる必要があります。ですから、事前にその講師について調べ、聞きたいことを考えて、講演ではなく子どもたちが講師にインタビューする活動を中心に据えたり、当日の司会も子どもたち自身が行う……。このように子どもたち自身が主体となれば、自発性・主体性の育成につながっていくでしょう。

講演会の運営は教師側でお膳立てをしてしまえば簡単です。これを子どもたちに行わせるとなると、教師は何倍も労力を使うことになります。しかしここで労を惜しまず、子どもたちを表舞台に立たせ、教師はあくまで黒子に徹すること。子どもたち自身で自分の力を発揮できる機会を設定すること。これが自己指導能力を培ううえでの、教師の仕事なのです。

●自己指導能力を育てる三つの方法

①自己存在感を与える、②共感的な人間関係をつくる、③自己決定の場を与える

自己指導能力を育てるための方法について、『提要』では次のように述べています（傍線筆者）。

「日々の教育活動においては、①児童生徒に自己存在感を与えること、②共感的な人間関係を育成すること、③自己決定の場を与え自己の可能性の開発を援助することの3点に特に留意することが求められています」（p5）

①と②は相互に関係し合っています。共感的な人間関係を教師と子どもたちの間、子どもたち同士にもたせることは、自己存在感を与えていくことにつながります。

この三つの概念も坂本昇一先生が提唱したもので、いわゆる「積極的な生徒指導」の具体的

な指針として、全国の学校で大ブームを起こし、その具体的な方法の実践的研究が日本中で活発に行われました。現在でも多くの学校で、「小集団を大切にする活動」として行われているはずです。

では、なぜ坂本先生の「自己指導能力を育てる」という考えが、学校現場に大きなインパクト（衝撃）を与えたのでしょうか。それは、坂本先生の考えが、それまでの「生徒指導とはこういうもの」という考えをまさに引っくり返すほどのラディカルさ（過激）をもっており、しかも、「具体的にこうすればいい」という指針を一貫した哲学のもとに行っていくものだったからです。

坂本先生の指導した実践では、例えば、修学旅行のスケジュールを生徒は自分で決めます。「自己決定」させるのです。

そこで、例えば東京の中学生がせっかく京都に修学旅行に来ているのに、自分のスケジュールに「昼寝」と書いていたら、どうするか。

多くの教師は「せっかく京都に来ているんだから、昼寝なんてもったいないだろう」と指導したくなるでしょう。

しかし坂本先生は、この生徒の「昼寝」という自己決定を尊重せよ、と教えました。

「この生徒はここで昼寝をすることで、エネルギーを蓄えて、次の行動に備えようとしているのだ。だから生徒のこの考えを尊重すべきだ」と言ったのです。

このようにして「自己決定の機会が人を成長させる。人は、自分で決めたことでしか変わらない。成長しない」という考えを徹底的に貫いていった点が、学校現場に大きな衝撃と共感を呼び、「自己指導能力の育成こそ、生徒指導」という考えが全国に広まっていったのです。

生徒指導の機能（自己存在感・共感的人間関係・自己決定）を生かした実践

ここで、坂本昇一先生の提唱した生徒指導の機能を活用した、最近（平成二十三〜二十四年度）の実践（千葉県市川市立大洲中学校）を紹介しましょう。

大洲中学校の研究推進委員会が、この実践に取り組み始めたのは、平成二十三年度です。スタート時、大洲中学校には、教師の指導・指示が生徒に通らない、いわゆる「荒れた状況」がまだ残っていました。そのような状況を打開し、子どもたちの姿を変えていくには、「生徒自身の自己指導能力の育成」が急務であるとの思いがありました。

生徒主体の授業を創りあげることが変革への道であるととらえ、授業やその他の教育活動においても小グループを生かす教育実践に取り組んできました。

次ページの学習プリントは、社会科（地理）「『ヨーロッパ』〜小集団を活用し、生徒指導の機能を生かした授業展開例〜」でのものです。

学習プリント「ヨーロッパ州をながめて」　1年（　　）組　名前（　　　　　　　　）

活動1　自分の意見をもつ。

ヨーロッパの地形や自然・人口などの特色について、自分の言葉でまとめてみよう。

キーワード（　　　　　　　　　）

参考にしたもの（　　　　　　　　　）

活動1では、自分で調べることで自己存在感を高めることができる。発表が控えているために、みな積極的に調べ活動をしている。

活動2　自分の意見をわかりやすく伝える。　充実度【A・B・C】

A	B
C	D

順番　A → B → C → D

活動2では、時間を区切って全員が発表する＝自己決定の場を設けている。普段まったく発表しない生徒もがんばって声を出している。

活動3　みんなの意見を真剣に聞き、1対1で意見交換をする。（別紙）

①A―B：C―D

②A―C：B―D

③A―D：B―C

活動3では、1対1の意見交換を行った。直接友達に自分の意見を伝える経験は、生徒同士の共感的理解につながっている。

私が一番感心したのは（A・B・C・D）さん。（自分は除く。）

活動4　班員・代表の発表などを聞いて気づいたことなどを書いてみよう。

活動4では、班代表を選出し代表の意見を聞くことで、集団での学び合いにつなげている。違いを受け入れていく雰囲気を醸成している。

活動5　今日の学習活動を振り返り、感想・これから学びたいことを書いてみよう。

活動5では、自分がしっかり意見が言えたことや友達の意見のすばらしさに気づいたりして、回を追うごとに意欲の高まりが見えている。

……書き終えたら提出しましょう。

四人組での活動では、自分の意見をもっている者同士が平等に意見交換を行う場が設定され、発表に対してはねぎらいの拍手が必ず届けられるようにします（共感的人間関係・自己存在感）。ほかの三人の多様な意見にふれ、同じ意見でも視点や理由が異なることに気づくことができます。「自分が意見をもつこと」を大事にする（自己決定の場を与える）からこそ、活動が深まっていくのです。人数が多くなると「個」が埋もれやすくなり、意見交流が間延びしてしまいがちです。小グループの人数は四人がちょうどいいのです。

では、学校教育のさまざまな場面で自己指導能力を育てるための具体的な方法についてみていきましょう。

●自己指導能力を育てる具体的な方法①「自己存在感を与える」

自己存在感の低い子どもたち

「私はここにいていいんだ」「僕の居場所はここにある」――こうした「自己存在感」を子どもたちの心に育てるには、どうしたらいいのでしょうか。

とくに問題行動の多い子どもたちや学習障害のある子どもたちは、「どうせ、俺（私）なんか、いてもいなくても同じだ」と自己存在感が低くなる傾向があります。

またいわゆる「普通の子どもたち」も自己存在感が低い傾向にあります。

家庭環境はかつての日本社会のようには安定していません。ひとり親家庭が多くなり、両親がそろっていても、仕事が忙しく子どもをかまえない状態にあることが少なくありません。「子どもよりも自分が大事」と考えるような保護者も多くなりました。現在は、満たされないさびしさを抱えたまま、テレビやゲームとだけ向き合っている子どもがとても多いのです。

存在感を認められていないがゆえに情緒的に不安定になっていたり、心が育っていない子どもが増えています。そこで「自己存在感を与える」という考え方が重要になってくるのです。

子どもから「自己存在感を奪ってしまう指導」とは

まず、子どもから「自己存在感を奪ってしまう指導」とはどういうものかみてみましょう。

例えば道徳の授業で、あるテーマについて挙手をさせて子どもたちが発言し、いろいろな考え方を教師が板書していくという授業の展開があります。このとき、意見が大きく二つに分かれているとしましょう。教師は「AとBという考え方があるんだね、ほかには何かないかな」とたずねます。

このとき、ある子どもが手をあげて発言したけれど、その意見が教師からするとAの意見と大差ないと思われたとき、その子の発言をほとんど無視して「ほかに何かないかな……。じゃあ、次の人」などと言って、授業を流していくことがあります。教師のこうしたちょっとした振る舞いによって子どもの自己存在感は奪われてしまいます。

その子は「せっかく発言したのに、先生に相手にされなかった……」。自分の発言をスルーされた子どもは傷つきます。教師の何気ない言動が子どもの自己存在感を奪ってしまうのです。

こんなときは、「そうか、スズキさんの考えはAの意見と近いんだね。でもここがちょっと違うんだね……」と、その子どもの発言を取り上げていく。こうした教師のレスポンスによって、子どもは自分の存在が認められたと感じることができます。

「あなたの存在を認めています」「このクラスにはあなたが必要です」といったメッセージを発し、一人一人の子どもが自己存在感を得られるようにすることが大切です。

授業やホームルームの時間にとどまらず、休み時間のちょっとした会話で子どもにレスポンスすること。それによって子どもたちは「自己存在感」を得ることができるようになるのです。

子どもが自己存在感を得られるようにするためにできるちょっとした工夫

①ネームプレートの活用

「クラス全員のネームプレートを授業に生かす」――これは授業で子ども全員に自己存在感を与えるための手法の定番です。

授業中挙手させて子どもたちの考えを教師が板書していくとき、黒板に反映されるのは、せいぜい五～八人の考え方です。けれど、子どもたちはみんな思っています。「私も同じ考えなのに、何で○○さんの意見だけ板書されるの？　さびしい」と。

そこで、クラス全員のネームプレートを用意して、「自分の考え方と同じところに置きましょう」と指示し、各自のプレートを貼らせるのです。授業の展開を通して、一人一人の考えが深まったあとで、「考え方が変わった人はプレートを動かしましょう」と指示します。これだけで、「私の意見はここにある」「私はここにいていい」と、子どもは自分の存在が大切にされたと感じることができるようになるのです。

ネームプレートの活用はとくに小学校において有効です。一度用意すれば学級替えまで使え、手間もそうかかりません。シンプルで効果的な方法です。

②教育相談を全員に実施

教育カウンセリングの立場から私が提唱したいのが、子どもたち全員を対象とした個別教育相談の実施です。

多くの学校で行われているのは、教師が用紙を配り、「悩みがある人」に書かせて、その生徒と個別面接をしていくという方法です。すると書くのはせいぜいクラスに一人いるかどうかです。あるいはストレスチェックを行い、ストレスの高い子どもだけを対象に教育相談を行う場合もあります。

しかし、これでは意味がありません。「先生にはわかってもらえない」と思っている子どもが、その先生に「悩みがある」と打ち明けられるはずがありません。「悩みを書けない」ことが問題なのに、「書かないから対応しない」ということになってしまいます。すると、子どもはますます自分の存在が大切にされているとは感じられなくなってしまいます。全児童生徒を対象にした教育相談の実施は、子ども一人一人が自己存在感を得ることのできる貴重な機会です。

③「心の第二担任制度」

教育相談を全員に実施するうえで、もう一つ提唱したいのが、「心の第二担任制度」です。さびしさを抱え、愛情欲求が強いいまの子どもたちは、「先生を独占したい、先生と二人きりになってかまってほしい」という気持ちを抱えています。とくに小学生にその気持ちは強いです。しかし先生は多忙で、なかなかその願いは叶いません。また、小学校高学年や中学生、高校生になると、友人とのトラブル、いじめ、家庭の問題など、担任には話しづらいと思っていることも多々あります。

「心の第二担任制度」とは、一人一人の子どもが、自分の話を聞いてほしい先生を担任以外の教職員の中から（学年や教科の枠を越えて）三名ほど選び、その中の一人と十～十五分程度、一対一で面談していく方法です。そこで選ばれた教師は、普段からその子のことを気にかけ、声かけするなどして何かあったら子どもがSOSを出し、援助希求しやすい関係をつくっていきます。

ちなみに、多くの学校で、小学校でのいちばん人気は校長先生。中学校では養護教諭です。

この先生と2人で話をしてみたい先生（3人選んで○をつけてください）

校長先生	（ ）		（ ）
教頭先生	（ ）		（ ）
担任の先生	（ ）		（ ）
	（ ）		（ ）
	（ ）		（ ）
	（ ）		（ ）
	（ ）		（ ）
	（ ）		（ ）
	（ ）		（ ）
	（ ）	誰でもいい	（ ）

たとえ十分間でも、先生と二人きりで話すことによって、「この時間は、先生は私だけのた

めにいてくれて、私の話をちゃんと聞いてくれる」と思える。すると、子どもたちは大きな安心感と自己存在感を手にすることができ、心のエネルギーを取り戻していきます。

④子どもたちの力を活用

自己存在感を与えるのに大切なことは、一つは教師が子どもたち一人一人にレスポンスしていくことです。もう一つは、子どもたち自身が子ども集団の中で、自己存在感を得られることができるようにすることです。集団の力を活用しましょう。次項の「②共感的な人間関係の育成」と関連しますので後述しますが、ルールとふれあいのある学級の中で、集団の力は発揮されていきます。

もう一つ、子どもたち同士の関係の中で自己存在感を得ることができるようにするための工夫として有効なのが、例えば一年生と五年生、二年生と六年生が一緒に活動する「縦割り活動」を行うことです。甘え欲求が強く、依存傾向が強い低学年の子どもたちは、上級生と一緒にいることで甘え欲求が満たされます。また、上級生のほうは下級生に頼られることでしっかりとしてきて、自分の成長を実感することができます。

●自己指導能力を育てる具体的な方法②「共感的な人間関係の育成」

人間関係が苦手な子どもたち

いまの子どもたちの問題の一つは、コミュニケーション能力の低下です。不登校、いじめ、非行などの子どもたちの問題行動の背景に共通して存在しているのが、自己肯定感の低下と、人間関係能力の低さです。思春期の子どもたちは、数人の小グループに属していて、その仲間からどう見られるかに非常に敏感になっています。仲間から排除されはしまいかという「ピアプレッシャー」（同調圧力）に絶えず脅かされています。ピアプレッシャーの中で、自分の言いたいことが言えない子どもたちがストレスをためてうつになったり、いじめのターゲットにされて不登校になってしまったり、と問題を深刻化させているのです。

相手を思い、相手を認める。その一方で、自分の言うべきことを適切な言葉で相手に伝えることもできる――こうした人間関係の能力の育成が重要な課題になっています。言いかえれば、「私は私でいい、あなたもあなたでいい」と、自他の違いを認めるとともに、その違いの中で互いに折り合える点を見つけていくことのできる力です。

理想の学級づくりで人間関係能力の育成を

こうした人間関係能力を身につけさせる要になるのは、学級経営です。

理想の学級とは、「秩序とふれあいのある学級」です。まず、学級内にルールが定着していて、自分が侵害される心配がないこと。「ここにいて安心できる」と思える学級です。そのうえで、お互いをお互いに認め合える雰囲気があること。

この秩序とふれあいが、「私はここにいていいんだ」という「**①自己存在感を与える**」ことにもつながっていきます。

子どもたち一人一人が、ほっとして学校に通える学級づくりができれば、不登校が減ります。すべての子どもが「自己存在感」を得られるような「安心できる学級づくり」は、不登校予防の最大のキーワードであり、また同時にいじめ予防の最大のキーワードでもあります。いじめが頻繁に行われている学級の中で、子どもたちは安心感を得ることはできないからです。教育カウンセリングが、エンカウンターやQ－Uといったメソッドを通じて強調しているこうした考え方を、日本の学校教育で初めて明確に打ち出したのが、三十年前の『生徒指導の手引』なのです。その意味で、『手引』の果たした功績はきわめて大きなものであったと言えるでしょう。

そして、共感的な人間関係を育成することによって自己存在感を育んでいく具体的な手法の一つが、「小集団での活動」です。小集団での活動の力で子どもは他の子との心のふれあいを体験し、それが生きる力となっていくのです。この「小集団活動」の一つが、現在多くの学校で行われている構成的グループエンカウンターです。

●自己指導能力を育てる具体的な方法③「自己決定の場を与える」

自分の生き方を自分で決める「自己決定」

児童生徒自身による「自己決定」を促し、尊重していくこと――この「自己決定」こそ、『生徒指導の手引』から今回の『提要』に引き継がれている、生徒指導の――またひいては、カウンセリングやガイダンスの――最も重要かつ根幹となるキータームです。自己決定とは、教師が説く「あるべき姿」を生徒が先取りして、自分で進んで「教師の望むいい子」になることではありません。教師や親からのアドバイスを参考にしながらも、自分がどう生きていくかを自分で決め、自分の可能性を切り開いていくことです。

薬物乱用の問題を例にあげますと、「大人が『ドラッグには手を出すな』と言うからやらない」というのでは弱いのです。まずは薬物による害や、薬物を使うことで受ける社会的なデメリットについて具体的に知ること、必要な情報を知ったうえで、自分で考え、「自分は絶対に薬物に手を出さない」と自己決定する力を育てていくことが重要になってきます。

人が自分で決めたことでなければ、人生がほんとうに変わることは決してない――これが、私がカウンセリングを二十七年間やってきて、つくづく実感していることです。子どもたちが自己決定するための情報を提供していき、教育課程のさまざまなシーンで自己決定の場を与えていくことが大切です。

自己決定と自己責任はワンセット

自己決定には、その結果を自分で引き受ける「自己責任」が必ず伴います。教師はこのことを同時に教えていく必要があります。

例えば、進路について親や教師が口出ししすぎると、「親が勉強、勉強とうるさいからやる気がしなくなった」「先生がだめだと言ったから志望の学校を仕方なくあきらめた」と、自分の意欲の低下を親や教師のせいにしてしまう癖がついてしまいます。

自己決定には、自分が所属する集団に対する責任の感覚も含まれます。例えば、学級の係活動で自分が何を担当するか決めたら、それを最後まで責任をもって引き受けるということです。ある集団に所属するということには、そこで果たすべき責任が伴います。この感覚を育むことが、自己決定の力を育てていくうえで不可欠です。

「自己決定の場」を与える具体的な方法

①学校行事（修学旅行など）での自己決定

自己指導能力を育成するためには、各教科、特別活動、掃除、給食、委員会活動、係活動など教育課程のさまざまな場面で、子どもたちに自己決定の場を与えていくことが重要です。

なかでも、代表的なものは修学旅行です。私たちが中学生のころは、修学旅行は、先生が決めたコースにただ従って行くだけでした。修学旅行のコースを「自分たちで選び、自分たちで決める」ようになったことには、この「生徒指導においては、自己決定の場を与えることが重要だ」という考えの影響によるところが大きいのです。

自己決定を大事にする修学旅行について坂本昇一先生の著書からみてみましょう。

「学年単位で行われる修学旅行などでも、生徒の自己決定が大事にされる。例えば五〜六人のグループになって、あらかじめ自分たちで決めた課題によるコースを自分たちで作成して、一日中、鎌倉や京都などを見学して歩く。もちろんそのグループに教師は付き添っていない。生徒たちは、当日、あらかじめ定めてあるチェックポイントから、担任の教師に電話して、いろいろな指示を受ける。連れていかれる修学旅行から、自分たちの手づくりの修学旅行へと変わる。

このようにするには、教師サイドからみるとたいへん手のかかることである。バスに詰め込んで見学して回ったほうがやさしい。生徒の小グループが決めた課題やコースが適切か、実際に調べる。便所がどこにあるか、赤電話はどこにあるか、交番は、病気のときの処置は……など、これらを『教師の指導性』というが、児童生徒に自己決定（自主性）を多く与えるためには、教師の『指導性』も多く必要になるのである。教師の放任から児童生徒の望ましい自己決定は望めないのである」（『生徒指導の機能と方法』文教書院　一九九〇年）

現在、多くの学校で子どもたちの「自己決定」による修学旅行が実施されていますが、その原点はここにあります。また、「子どもの主体性を尊重する」という名の元に放任がなされることも少なくありません。坂本先生の言葉は、子どもの主体性を尊重するには、教師側の準備や努力がどれほど重要で大変かを示しています。

②教科の中で

自己決定の場は教科の場面でも与えられます。

ここでは算数の時間で考えてみましょう。

問題を解くとき、解答にいたるルートは一つではないことが多いものです。そこで、子どもたち一人一人が自分なりの解き方を見つけます。答えに導くルートを自己決定するのです。

このとき、「そんな解き方もあるんだね」と、教師がそれを尊重し認めることで、「**①自己存在感を与える**」ことができます。さらに、子どもたち同士で、お互いの解き方を話し合い、お互いの考え方を認め合い尊重し合うことが「**②共感的な人間関係の育成**」にもつながります。

ところが、教師がその子なりの解き方を認めなかったとしたらどうでしょうか。

「先生、私はこんなふうに解きました」と子どもがそのルートを示したとき、教師が自分の解き方に固執してほかの解き方、考え方を認めなかったとしたら……。子どもたちは、「自分は先生から認められていない」と否定された気持ちになるでしょう。

このとき、子どもたちは自己存在感を失うとともに、教師との信頼関係も損なわれてしまいます。

また、いまの子どもたちは、自分なりに考えて答えを導き出すことになじんでいます。ときには、教師の想像を超えた考え方も出てくることがあるでしょう。そんなとき、「へえ、そんな考えもあるのか。先生気がつかなかったよ」と素直に認め、子どもたち同士も認め合うことが大切になります。

教師には、こうした想定外の答えが子どもから出されたときに、それにうまく対応できる柔軟性も求められるのです。

●「自己評価」の文化を育てる

自己指導能力と「自己評価」はセット

自己指導能力を育てるといいながら評価は他人が行うのでは、真に自己指導能力は身につきません。そこで、自己指導能力とセットになるのが「自己評価」です。例えば、「運動場を自分で目標を決めて走る」という取り組みを行ったとき、「僕は、運動場十周をめざして走りました。でも八周でへばってしまいました。最初に飛ばしすぎたのが敗因です。今度はペース配分を考えて再チャレンジしたいです」というふうに、自分で自分のことを評価するのです。

生徒指導の評価法については、『提要』に以下のようにあります（傍線筆者）。

「また、児童生徒を励ましたり評価したりする場合には、出来映えそのものの評価以上に、その取組の姿勢、彼らの自発性や自主性、自律性や主体性に対する励ましや評価を中心に行うことが必要です。同時に、教員からの評価を得たいがために頑張るという他律的な行動に陥らせないためにも、自らの取組を自己評価させることが大切です」（p13）

自己指導能力、個別指導、総合、特活は「自己評価」とリンクする

ところで、私たちカウンセラーがクライアントの個別指導計画を立てるとき、行動療法の発想で不安階層表を作ることがあります。「エレベーターに乗るのが、僕はこれぐらい怖いです」とか、「女性に話しかけるのがこれぐらい怖いです」などとクライアントは訴えます。

このとき、優秀なカウンセラーの場合、一方的にプログラムを決めて宿題を出すようなことはしません。少しずつ無理なく新たな課題にチャレンジできるように、クライアントと一緒にプログラムを作っていき、自己評価をしてもらいます。個別指導の発想に基づくと、学習の目標が個別になりますから、評価も必然的に自己評価になるのです。

自己評価は、さまざまな領域でいま必要とされている能力です。

生徒指導の理念である自己指導能力のほか、特別支援教育の理念である個別指導、さらに総合的な学習の時間、特別活動ともに「評価は自己評価」という点でつながっています。これらの領域に共通するのは、自発性や主体性の重視です。自分でがんばった点を自分で評価をするというのが、背景にある理念です。このことを最初に明確に示したのが生徒指導なのです。

自己評価の文化を育てるためにはシステムの大改革を

私がかつて在外研究員として滞在していたイギリスのイースト・アングリア大学のカウンセラー養成コースでは、卒業判定は自己評価でした。自己評価に基づいて学生と教授が面接をして、オーケーとなったら卒業できるわけです。

「私はまだカウンセリングの学習が足りていません。これではカウンセラーとして世に出て行くことができません」と自分で自分に落第の評価を与える学生もたくさんいました。

しかし、自己評価に慣れていない日本の学生にはこの方法はまだむずかしいと思います。日本の学生の多くにとって大学教員はうまくごまかして点数をもらう相手になっているからです。

イギリスの学生と日本の学生の自己評価の能力には、驚くほど大きな差があります。

一斉授業で教師が指導し評価するというあり方から、自分が何に取り組むか自分で選んで、自分で決めて、自分で取り組み、自分で評価するというあり方へ――。

日本に自己評価の文化を育てていくには長い時間と労力を要することでしょう。

第Ⅱ部
「新しい生徒指導」はこう進める！

第3章　「成長を促す生徒指導」の中身

――生徒指導プログラム＝アセスメント＋グループアプローチ

これからの生徒指導には、学級や学校についてのアセスメントに基づいて、さまざまなグループアプローチを駆使していく「生徒指導プログラム」の活用が欠かせません。アセスメントの方法、グループアプローチの実際、生徒指導プログラムの組み方などについて、具体的にみていきましょう。

●生徒指導プログラム

各学校・学年で重点目標と期間を決めてプログラム作りを

これからの生徒指導では、生徒のさらなる成長を促進する「成長を促す生徒指導」や、問題が起きる前に予防をする「予防する生徒指導」が、その中心になっていきます。

そして、そのためにそれぞれの学校、学年、学級で定めた「目標」に向かって年間指導計画を作成し、具体的なプログラムを組んでいくことが大事になってきます。「この学校では（この学年では）今年はこれに重点を置いてやっていく」と決めて、具体的なプログラムを組んで積極的に展開していく――新しい生徒指導はそうあるべきだと思うのです。

現在、私もある私立中学校で、中一～中三の三年間、毎月一つずつのプログラム（一年間に十二回×三＝三十六回）をまず私が作成し、それを各学年、各学級の実態に応じて柔軟に修正しながら先生方が実施していく、ということをやっています。

生徒指導のプログラムを作る場合、学校単位でのプログラムと学年単位でのプログラムの二つが考えられます。まずは各学校で何を目標としたプログラムを行うのか、大枠を決め、そのうえで発達段階に応じて学年に分け、「いまこの学年には、こういう課題があるからここをめざす」と重点目標を定めた生徒指導プログラムを作っていくことです。そして年間指導計画をおおまかでもいいので作っておくのです。

年間の計画は、「おおまかな見通し」でいいので、作っておく必要があります。

学校では、常に変化が起こり続けます。プログラムを実施する前に、クラスや学年の実態をアセスメントし直し、それに合わせて柔軟にプログラムを修正・変更していく必要があります。

「めざす子ども像」や「子どもの実態」に即したプログラムを

学年や学校の実態に応じて、例えば、次のようなプログラムを組むことができるでしょう。実態に応じたプログラム例を列挙してみましょう。

・キャリアを中心にすえたプログラムで、子どもたちの意欲（モチベーション）を高めたい↓キャリア教育のプログラム
・命を大切にする子どもを育てたい↓命を育てるプログラム
・不登校が多い↓不登校対策プログラム
・いじめの問題が発生↓いじめ予防プログラム
・人間関係能力が未熟↓人間関係プログラム
・元気はいいけどバラバラな感じがある↓協力心を育てるプログラム
・わがままな子が多い↓思いやり育成プログラム
・すぐキレる子どもが多い↓アンガーマネジメントプログラム
・ストレスがたまっている子どもが多い↓ストレスマネジメントプログラム

プログラムの対象期間は、年間でも、学期ごとでもいいでしょう。もちろん年間指導計画が立てられればベストですが、最初は無理をせず、二〜三カ月の単位で、「まずこれをやってみよう」というプログラム作りをするのでもかまいません。これらの「プログラム」の作成と実

施が、これからの生徒指導の柱の一つになってきます。

●グループアプローチ＝成長促進的・予防的な生徒指導の手法

『提要』の足りない部分は、成長促進的・予防的な生徒指導の具体的手法

事後対応的な生徒指導が問題解決的生徒指導であるとすると、問題が起きる前にこちらから働きかける生徒指導が、成長促進的・予防的な生徒指導です。私はこれを「打って出る生徒指導」とも呼んでいます。

今回の『提要』で私が残念に思うのは、成長促進的・予防的な生徒指導の方法について具体的な手法があまり示されていない点です。そして、この「成長促進的・予防的生徒指導の具体的な手法」こそが、ここ十年くらいの間に最も急速に発展した領域なのです。

「成長促進的・予防的な生徒指導」を行うツールがグループアプローチ

生徒指導が示す理念は「社会的な自己実現」です。これは、教師が中長期的な展望に立って教育プログラムを作り、成長促進的・予防的にかかわっていくことではじめて可能になります。

「社会的な自己実現」「自己指導能力の育成」という生徒指導の理念を具現化するためには、

さまざまな具体的な手法が必要になります。その方法論を提供するのが、教育カウンセリング、とくに、構成的グループエンカウンターやピアサポートなどのさまざまなグループアプローチです。これらのグループ・アプローチこそ、予防的・成長促進的な生徒指導を行っていく際の、重要なツールなのです。

学校現場ではこの十五年間に急速にさまざまな新しいグループアプローチの方法が取り入れられてきました。成長促進的な生徒指導、予防的生徒指導の具体的な方法論として、学校現場で最も多く使われているのがグループアプローチなのです。

生徒指導の三つの機能をもとに教科でもグループアプローチを

グループアプローチは、教科指導の中にも取り入れていくことが必要です。教科の中でこそ、生徒指導の三つの機能「自己存在感」「共感的人間関係」「自己決定」が具現化されていくのだと述べました。そして、その具現化を促していくための手法として有効なのが、構成的グループエンカウンター、ピアサポート、ソーシャルスキルトレーニングやアサーショントレーニング、グループワークトレーニングなどのグループアプローチなのです。

しかし、その際に留意すべき点もあります。例えばソーシャルスキルトレーニングは、もともとは精神科病院で統合失調症の入院患者さんの社会復帰のために使われたり、少年院や刑務所などで使われた、社会的スキルのトレーニングです。スキルのトレーニングそのものを直接に目標にしています。私は、人格形成を目的とする学校教育においては、スキルに直接ターゲットを当てるアプローチはあくまで補助的な手段としてのみ使われるべきだと考えています。

スキルのトレーニングが行きすぎてしまうと、学校が治療の場や強制的な訓練の場になってしまう危険性があります。この行きすぎを防ぐためにも、スキルのトレーニングはあくまで間接的な補助手段にとどめることが重要です。小集団活動などを通して「結果的に」スキルが身につく、といった位置づけで取り組むほうがよいでしょう。

グループアプローチを駆使することが、生徒指導の大きな柱の一つになりつつあります。したがってこれからの生徒指導担当者には、グループアプローチに習熟し、そのうえで生徒指導プログラムを作成し、子どもたちの心の成長の促進や問題の予防にかかわる能力が求められてきます。

代表的なグループアプローチ

学校現場でよく用いられている代表的なグループアプローチのいくつかを紹介します。

●構成的グループエンカウンター（SGE）

エンカウンターとは、心と心のふれあいのことです。心と心のふれあいがある人間関係を体験することで、子どもたちの心が育っていくことをめざすのです。構成的グループエンカウンターでは、リーダー（教師）が主導権をとって、集団（グループ）でいろいろな課題（エクササイズ）を行いながら、心と心のふれあいを体験していきます。それを通して、子どもたちの人格形成や人間関係を育てていくのです。

●ソーシャルスキルトレーニング（SST）

ソーシャルスキルトレーニングは、エンカウンターと違って、スキルの習得そのものを直接の目的にします。例えば、友人の輪に入れない友達に声をかける練習、友達のグループの中に自分から入れてもらう練習などをしていくのです。あたたかい人間関係の体験を直接の目的としているのがグループエンカウンターであるとすれば、スキルの習得そのものを直接のターゲットにしてトレーニングしていくのがソーシャルスキルトレーニングです。見かけは似ていても、エンカウンターは実存主義、ソーシャルスキルトレーニングは行動主義と背景にある考え方はまったく異なっていることに注意が必要です。

●ピアサポート

子どもたち同士が支え合う体験を通して、社会性を育んでいく方法です。

ピアサポートは大きく２つに分かれます。１つはカウンセリング等、ほかの子どもたちを支援する方法を学んだ子どもが、ほかの子どもたちをサポートする活動です。上級生が下級生の悩み相談などをすることを通して、援助する側も援助される側も育っていくのです。

もう１つのピアサポートは、高学年の子どもが低学年の子どもと一緒に集団活動を行う「お世話活動」です。お世話をする上級生は、下級生に頼られながら課題に取り組んでいく経験を通して精神的に成長していきます。いっぽうの下級生は、上級生に甘える体験を通して、教師だけでは満たすことができない甘え要求を満たされて、精神的な安定が図られます。

●アサーショントレーニング

自分も相手も大切にする、さわやかな自己表現の仕方を学ぶトレーニングです。

対人行動には次の３つがあります。

１つは、言いたいことを言わずに耐える「非主張的行動」。

２つ目は自分の主張を押しつけたり、思うようにいかないとキレたりする「攻撃的行動」。

３つ目が、耐えたり押しつけたりせずに、相手を大切にしながら自分の気持ちや考えもさわやかに伝えていく「アサーティブな行動」。このアサーティブな表現方法を身につけるトレーニング法がアサーショントレーニングです。

例えば、いじめが起きたときに多いサインの１つに、「友達に物を貸しても返してくれない」という訴えがあります。このときに、非主張的な行動をとって我慢していたり、攻撃的な行動をとった場合、いじめがエスカレートする場合が少なくありません。このとき、落ち着いた雰囲気で、「あれは僕もうそろそろ必要なんだ。返してくれないかな」と、自分を大事にし、相手にも伝わるような仕方で気持ちを伝えていく方法を学んでおくと有用です。学級の人間関係を円滑にしたり、いじめを予防するためにも有効な方法です。

●グループワークトレーニング（GWT）

協調性を発揮するための、心と技術を学んでいくためのトレーニング方法。例えば、グループでそれぞれパズルを作って順位を競い合わせて、協力する心とスキルを育んでいきます。ゲーム感覚で手軽にできるので、カウンセリングの学習をそれほどしていない教師にも取り組みやすい方法です。

●アンガーマネジメント

突然怒り出し、暴言を吐いたり暴力をふるったりする、いわゆる「キレる」子どもたちが増えてきました。そうした現状の中で取り入れられた感情教育の方法の１つです。「キレる行動に対して、キレる前の身体感覚に焦点を当てる」「身体感覚を外在化し、コントロールの対象とする」というふうに、自分の怒りの感情に振り回されることなく、アグレッシブな衝動を自分の意思で上手にコントロールする術を身につけさせていきます。

アンガーマネジメントは子どもたちの情緒的な発達や成長を促進していくためのプログラムです。スキルのトレーニングではないことを、理解しておく必要があります。

●ストレスマネジメント

自己肯定感を育むことを通して、ストレスがたまっても簡単に崩れない心の器を育んでいく方法です。そのいっぽうで、ストレスにどう対処するかも学んでいきます。

方法は2つあります。1つはリラクセーション法で、代表的なものに、自律神経系に働きかけてリラックスを得ていく自律訓練法や、体中の筋肉に一気に力を入れて、一気に緩めることを何度も繰り返すことによって精神的な安定を得る「筋弛緩法」などがあります。もう1つは、ストレスがたまって衝動的な行動に出てしまいそうになるときに、それにどう対処するか、対処方法を学ぶ「コーピング」です。

●ライフスキルトレーニング

養護教諭や保健主事の間で評価が高く、よく行われているトレーニング方法です。子どもたちが自分の命を大切にしながら、人生を賢明に生きていくための生活全般のスキルを学んでいくトレーニング法です。心身の健康に焦点を当てて、総合的にスキルをトレーニングしていく点に特徴があります。セルフエスティーム（自尊感情）の維持、意思決定スキル、自己主張的なコミュニケーション、目標設定スキルなどの内容が含まれます。

●キャリアカウンセリング

キャリア教育に焦点を当てたプログラムです。例えば、「自分が職業を選択するうえで何を大事にしたいのか」その価値観を示すキャリアアンカーをランキング形式で選ばせ、理由を書かせるエクササイズがその1つです。職業選択の理由を10個くらい示し（例：安定した生活がしたい、有名になりたい、異性にもてたい、社会的な地位を得たい、大きな報酬を得たい、人の役に立ちたい、趣味を仕事にしたいなど）、そこから子どもたち一人一人にベスト3を選ばせてランキングをつけさせます。さらに、選んだ理由を書かせて、グループで語り合わせ、語り合ったあとに、もう一度ランキングをつけ直す、といった方法で進めていきます。「10年後の私」「20年後の私」をイメージさせて、小集団で語り合うエクササイズもあります。

キャリアについて意識が高まると、学校での活動や生活全般におけるモチベーションが高まるので、学力アップにつながり、問題行動も減っていくという効果が期待できます。

●グループアプローチの実践例

小学校・二校合同で行う「道徳・学活」プログラム

千葉県の公立小学校教諭・秋山里和先生の実践を紹介しましょう。

同じ中学校に通うことになるA小学校とB小学校の合同授業です。B小学校は小規模校で、異学年や地域の人との交流はあるものの、同年代の友達とのかかわりが少なく、ほかの子の多様な意見を聞いたりする経験が少ないと思われました。

そこで「交流学習」として、二校合同の授業を行い、多様な人間関係を体験させるための「特活・学活プログラム」を開発して実施したのです。合同授業は全三日、合計五時間です。人間関係力を高める活動として、この学級活動の中にグループエンカウンターを生かしました。

ステップ1では、呼び名を覚えて緊張をほぐし、協力し、一体感や達成感を味わえる活動を中心に行いました。ステップ2では、学級活動でお互いの考えを肯定的に受け止め合い、話しやすい関係をつくった後、道徳の授業を行いました。そこで、相手の気持ちを思いやるとはどういうことかを考えさせたのです。ステップ3は、道徳で話し合い、考えたことを踏まえて学級活動のエクササイズを行い、改めて友達のよさや、補い合って活動することの楽しさ、心地

人間関係力を高める道徳・学活プログラム

ステップ1 9月	学級活動「なかよくなろう」 (ねらいとキーワード) ・名前、呼び名を覚える ・活動を楽しむ協力、一体感、達成感が育まれる (演習名) ・ネームリング　・パチパチリレー　・ネームトス ・グループ対抗じゃんけん
ステップ2 9月	学級活動「いろいろな考え方を知ろう」 (ねらいとキーワード) ・呼び名で呼び合う　・いろいろな考えに気づく ・お互いの考えを肯定的に受けとめる ・相互理解、相互受容、自己肯定、他者肯定が育まれる (演習名) ・グループで並ぼう　・リズムにのって名前を呼ぼう ・好きなものあて、おかずカップ神経衰弱　・連想イメージゲーム
	道徳 主題：友達だから 2-(2) 思いやり、親切 資料名「わすれもの」(自作) (ねらい) ・言いにくいことを伝えるか、どうするかその理由を考え、話し合うことを通して、友達を思いやるとはどういうことなのかに気づくことができる。 ・相手の立場を思い、どのように伝えればよいのか考えることができる。
ステップ3 10月	道徳 主題：みんなのよさは 4-(4) 協力・1-(5) 個性伸長 資料名「よせなべ」(土田雄一、2000) (ねらい) ・友達の得意なことやよいところに目を向け、話し合う中で、誰にでもそれぞれ特技やよいところがあることに気づかせる。 ・それぞれのよさを生かしてお互いに支え合い、協力して活動し合って楽しい学級を作ろうという気持ちをもたせる。
	学級活動「みんなで協力して活動しよう」 (ねらいとキーワード) ・協力、補い合って活動する楽しさ、達成感を味わう。 ・相手の気持ちを想像し行動を肯定的に受け止める。協力、一体感、達成感、相互理解、相互受容、自己肯定、他者肯定が育まれていく。 (演習名) ・しりとり、ランダムしりとり　・ちらしジグソー ・新聞紙で世界に1つだけのちぎり絵

良さを味わわせ体感させることで心情を深めました。

特別活動の時間にもグループエンカウンターの手法を生かしています。例えば、ステップ2の「好きなものあて、おかずカップ神経衰弱」はこのようにやります。

おかずカップ二枚のうち一枚には得意なことや好きなもの、もう一枚にはニックネームを書きます。おかずカップを紙コップにはめ、コップをふせてばらばらにします。名札をはずしネームが見えるようにして周りに並べます。神経衰弱の要領でめくり、ニックネームと特技や好きなものが合ったら、その友達の名札を探して、「○○が得意な△△さん」と首にかけます。かけられた人は、あたっていたら「サンキュー」と受け取り、違っていたら「残念」と名札を返します。違っていたらコップをもう一度伏せ、あっていたらもう一度コップを返すことができます。すべて終わったら感じたこと考えたことをシェアリングします。

エクササイズ「ちらしジグソー」は、チラシを何枚かに破り、グループで修復していくエクササイズです。一回目は仲間と相談しながら、二回目は無言で行います。

エクササイズ「新聞紙で世界に一つだけのちぎり絵」は、グループで一枚の新聞紙を少しずつちぎりながら、「魚」などのテーマに沿った絵を、前にちぎった友達の気持ちをくみながら完成させていくものです。

事前事後のアンケート結果を見ると、これらの活動を通して子どもたちの自己肯定感も他者肯定感も高まったことがわかります。学級活動でグループエンカウンターを行ったあとで道徳授業を行うと、話しやすい雰囲気ができ、グループでの話し合いが活発になって、考えを広げたり深めたりする効果がありました。いっぽう道徳授業で心情を深めたあとにグループエンカウンターを取り入れたことで、前時の道徳での学びを意識して活動する姿が見られました。道徳的実践力が育まれていったのです。

このように特別活動や道徳など教育課程のさまざまな分野と関連づけながら、明確な意図をもってプログラムを行うことで、グループエンカウンターなどのグループアプローチは効果を発揮するのです。

中学校・「今日も発見よいところ！」――一ヶ月間にわたって帰りの会で繰り返す

次は中学校でグループエンカウンターを最も効果的に使っている実践の一つをご紹介します。神奈川県の公立中学校教諭・石井ちかり先生の実践です。

〔道徳授業〕まず道徳授業からスタートします。ワークシートに自分のよい点をたくさん書き出します。そして読み物資料として金子みすゞの詩「わたしと小鳥とすずと」を読んで、自分の感じたこと、考えたことを話し合います。これを通してお互いのよいところを意識させます。

〔帰りの会・一週目〕　帰りの会で毎日、自分の班の一人一人についてよいところを「よいところ発見メモ」に書き出していきます。毎回書き出す前に三十秒の黙想を行っています。これは、クールダウン効果もある、とてもよい工夫だと思います。

〔帰りの会・二週目〕　自分の班のほか、学級全体の友達についてよいところを発見してメモしていきます。

〔帰りの会・三週目〕　表面的な部分だけでなく内面的な部分、狭い範囲だけでなく広い範囲に目を向けて発見していきます。

〔帰りの会・四週目〕　これまで書けなかった人のよいところを発見するようにします。

〔最後のシェアリング〕　自分に対して書かれた「よいところ発見メモ」を受け取り、人のよいところを発見しようと意識的に生活をして、感じたこと、気づいたことを発表させます。

このような活動を通して、生徒たちは徐々に友達のよいところに気づくようになっていきます。同時にいままで気づかなかった自分のよさにも気づくようになります。その結果、学級全体が明るくなり、教師も生徒のいいところがわかって、ほめることが多くなっていきました。

グループエンカウンターを帰りの会と合わせて繰り返し実践した秀逸な実践例のひとつです。

★エクササイズの注意点★

現在、子どもたちに人間関係や社会性を学ばせるために、エンカウンターやソーシャルスキルトレーニングなどが広まっています。半面、教師の配慮が不足すると、逆効果になる場合もあります。ここで、学校でエクササイズを行う際の注意点をあげておきます。

●人間関係が苦手な子どもに配慮する

学級には、発達障害をもっていたり、人間関係が非常に苦手でおびえている子どもたちもいます。そうした子どもにとって、人間関係のトレーニングは、脅威に感じられることもあります。そういった子には、エクササイズは無理をして行わなくてもいいことを事前に伝えるなどの配慮が必要です。

発達障害をもっていない子どもでも、人間関係が苦手な子や、傷つきやすい子はたくさんいます。例えば、ジャンケン列車というエクササイズをすると、ジャンケンで負け続けた子どもが傷つくこともあります。

このとき生徒指導の3つの機能に照らし合わせるといいでしょう。「自己存在感」「共感的な人間関係」「自己決定」という視点から振り返って、「自己存在感を損なっている子どもはいないか」「共感的な人間関係はできているか」「きちんと自己決定されたか」をチェックするのです。

この3つは、先生方自身がグループアプローチを行う際、自分自身の実践を見直すときの観点にもなります。生徒指導の機能はこうしたところでも活用できるのです。

●トレーニング系のエクササイズは補完的な位置づけで

また、グループアプローチで最も注意すべきはトレーニング系（ソーシャルスキルトレーニングなど）のエクササイズを行うときです。

身につけるべきスキルがあらかじめ決まっていて、それに向かって授業を展開していきますから、子どもたちの「自己決定」への配慮が希薄になる恐れがあります。スキルトレーニングには、子どもの「自己指導能力」を鍛えるという原理と相反する部分があるということを念頭に置いて、あくまでも補完的な位置づけにとどめるべきです。

学年や学級のアセスメントをして、どのアプローチを用い、どのようにプログラムを組むかを決める

学年や学級でどんな生徒指導プログラムを行うかを決めるのに必要なのは、①教師がさまざまな心理学のグループアプローチに習熟していることと、②「いま、この学年（学級）に必要なのはどんなプログラムか」を見極める目（学校や学級に対するアセスメントの能力）です。つまり学年や学級の実情をよく見極めたうえで、プログラムの内容を決める必要があるのです。これを学年や学級についてのアセスメント（査定）と言います。

学年や学級の「アセスメント」を行ううえで、多くの人が思い浮かべるのが、Q―U「楽しい学校生活を送るためのアンケート」をはじめとしたアセスメントツールの利用でしょう。Q―Uは、学校生活意欲と学級満足度の二つの尺度で構成されています。学級や学年の状態を見極めていくうえでの、一つの具体的な道具（アセスメントツール）になります。

学級をアセスメントするツールとしては、ほかにも例えば、横浜市の「Y―Pアセスメント」があります。これは学級や個人の社会的スキルの育成状況を把握するためのものです。子どもに対する学校生活に関するアンケートや、教師による学級の状況のみとりなどからなっていて、教師がチームで話し合う支援検討会のデータなどに活用されています。

こうしたアセスメントツールを使って、できるだけ数値化された客観的なアセスメントを行

うことも大事でしょう。

と同時に、学年や学級のアセスメントにおいてより重要なのは、先生方が子どもたちと本気でかかわっていくなかで、「この学級（この学年）はこうだな」と感じる肌触りです。

例えば、私のところに相談に来られている先生の中には、「Q―Uの結果がぴったりで」と言われる方もいれば、「ちょっと私が感じているのとは違うんですけど」と言われる方もいます。そのとき私は、「Q―Uの結果で、ご自分が日々の実践の中で感じていること（肌触り）との間にギャップがあるように思われるんですね。そのギャップはどこから来ているように思われますか」とたずねるようにしています。

教師には、こうした心理テストの数値を読み解いていく能力（解釈の能力）も必要です。いちばん大切なのは、子どもたちと接する中で実態を肌で感じることです。例えば教師仲間と酒を飲み交わしながら学年や学級の実態について語り合っていくこと。これも重要なアセスメントの一部です。

アセスメントのいちばんの場所は、学年会であり、教育相談部会であり、生徒指導部会です。そこで遠慮なく教職員同士でひざを交えて語り合う。その中で学年や学級についての理解を深め、いま、どのような状態にあるのかを押さえていく（アセスメントしていく）のです。

プログラムの実際

学年や学級についてのアセスメントを行い、それに基づいてグループアプローチを選択し、年間指導計画を立ててプログラムを開発・実践している一つの例として、さいたま市の「人間関係プログラム」と大阪府松原市立松原第七中学校の「小・中連携のプログラム」を紹介します（コラム参照）。このほかにも、プログラムを作成・実践し、成果をあげている自治体や学校が増えつつあります（例、埼玉県熊谷市立大里中学校区など）。

文部科学省の指定や研究所の支援を得て学校で行うときには、アセスメントツールを使いながら、プログラムを組み、学校単位で実施しているところが多いです。しかし、すべての学校で同様に行うのはむずかしいでしょう。

「学年や学級のアセスメント＋グループアプローチ→生徒指導プログラムの実施」という一連の過程が、十年後、二十年後の生徒指導の柱になっていくと考えられます。教育委員会でも率先して積極的に推進していってほしいと願っています。

【実践例】人間関係プログラム

プログラムの作成・活用の実践例で代表的なもののひとつに、さいたま市の取組みがあげられます。

教育特区の認定を受けたさいたま市では、コミュニケーション能力の育成と自己開示・自己表現を安心して行える学級づくりをめざして、「人間関係プログラム」を実施しています。

市では、研究機関の協力を得てアセスメントツールを開発し、小学校３年生から中学校１年生まで、年間指導計画を立てて年間18時間（１学期６時間）実施しています。

さいたま市の「人間関係プログラム」は、構成的グループエンカウンターとアサーション・トレーニングの手法を柱に構成されています。

構成的グループエンカウンターは、例えばグループで、お互いのよいところを伝え合う活動を設定し、その課題に全員で取り組むことで、お互いに認め合う関係づくり、あたたかい学級づくりをめざします。

アサーション・トレーニングは、相手を尊重しながら自分の意思を適切な言葉で伝えるトレーニング法です。ふれあいのある学級づくりを行いつつ、自己表現のスキルトレーニングを行うのです。

子どもはスキルを身につけ、できることが増えてくると、自尊感情も高まります。教師は、子どもにスキルを教えることが人格の形成につながることを念頭に置いて、実践していきましょう。

【実践例】小・中連携のプログラム

大阪府松原市立松原第七中学校では、小学校２校と連携し、2007年度から2009年度にかけて、文部科学省研究開発校として、人間関係学科を創設（小学校では「あいあいタイム」）しました。「学校が楽しくなればストレスが減る。ストレスが減れば不登校やいじめが減る」を合い言葉に、不登校生等への支援と、いじめ・不登校等の未然防止のための授業づくりを行ったのです。

具体的には、12のターゲットスキル（自己信頼、ストレス対処、感情対処、創造的思考、共感性、自己管理力、対人関係、境界設定、コミュニケーション力、決断と問題解決、批判的思考、情報活用力）を身につけさせるため、ソーシャルスキルトレーニング、アサーション・トレーニング、ストレスマネジメント、グループワークの４つを柱にして、子どもたちが参加体験できるプログラムを開発し、実践しました。

この取組みを始めて、生徒の不登校率は６％台から１％台へと減少し、暴力行為も激減したといいます。

この取組みの効果は、子どもの変化だけにとどまりませんでした。学校の取組みを見ていた保護者の学校に対する意識も肯定的に変化しました。教師も自信をもって指導にあたることができるようになり、教師間のチーム力も向上したということです。

研究開発の期間終了後は、幼・小・中で連携し、「人間関係づくり」のためのプログラムづくりに励んでいます。

参考図書：『子どもが先生が地域とともに元気になる人間関係学科の実践』森田洋司監修、松原市立松原第七中学校区教育実践研究会ほか編著、図書文化社

教育課程上の位置づけ——総合単元的な取組みを

生徒指導プログラムの教育課程上の位置づけとしては、「総合単元」という考え方がいちばん適していると思います。この考え方を実施したのが、道徳教育の押谷由夫先生が行った「総合単元的道徳学習」です。これは、さまざまな教科と道徳と特別活動と総合的な学習の時間とを結びつけて総合プログラムを行っていくという考え方です。

例えば、「思いやりのプログラム」「命のプログラム」「キャリアプログラム」といったプログラムを、各教科、道徳、特別活動、総合など、すべての教育課程を横断して総合単元的に実施していくことができるでしょう。

生徒の「自己指導能力を育てうるものになっているか」が、チェックポイント

生徒指導プログラムをつくり実施する際にも「生徒の自己指導力を育てうるものになっているかどうか」をチェックしていく必要があります。

このプログラムは、生徒に自己存在感を与えるものになっているか、共感的な人間関係を育てることになっているか、自己決定の場を与えているか——この三点をそのつど振り返ることが重要です。「この指導は子どもの存在感を奪うことになっていないか」「子どもたちの人間関係が損なわれることになっていないか」「教師がリードしすぎて、つき合わせているだけでは

ないか」「子どもたちに、自分で決めさせる場をもっていないのではないか」などが、振り返るポイントになります。

これは、例えばエンカウンターなどグループアプローチの実践や、個々の時間の実践を見直すときの観点にもなりますし、また、年間指導計画や生徒指導のプログラムを見直すときの視点にもなります。

小・中・高、本来の発達段階に合わせたプログラムを

プログラムづくりでまず大切なのは、「発達段階に合わせたプログラムを組む」ということです。子どもの発達段階という視点から見ると、学習指導要領も違った読み方ができます。

学習指導要領の総則「教育課程編成の一般方針」においては道徳教育に関して小・中・高校で以下のような記述があります（傍線筆者）。

●**小学校**：「道徳教育を進めるに当たっては、教師と児童及び児童相互の人間関係を深めるとともに、児童が自己の生き方についての考えを深め、家庭や地域社会との連携を図りながら、集団宿泊活動やボランティア活動、自然体験活動などの豊かな体験を通して児童の内面に根ざした道徳性の育成が図られるよう配慮しなければならない」

●**中学校**：「道徳教育を進めるに当たっては、教師と生徒及び生徒相互の人間関係を深めると

ともに、生徒が道徳的価値に基づいた人間としての生き方についての自覚を深め、家庭や地域社会との連携を図りながら、職場体験活動やボランティア活動、自然体験活動などの豊かな体験を通して生徒の内面に根ざした道徳性の育成が図られるよう配慮しなければならない」

●**高等学校**：「学校における道徳教育は、生徒が自己探求と自己実現に努め国家・社会の一員としての自覚に基づき行為しうる発達の段階にあることを考慮し人間としての在り方生き方に関する教育を学校の教育活動全体を通じて行うことにより、その充実を図るものとし、各教科に属する科目、総合的な学習の時間及び特別活動のそれぞれの特質に応じて、適切な指導を行わなければならない」

つまり、小学校では「自己の生き方」、中学校では「人間としての生き方」、高校では「人間としての在り方生き方」という表現が使われているのです。

しかし、発達段階から見ると、人間に共通する基本的なものの見方・考え方こそ小学生に教えるべき内容でしょうし、逆に、「自己の生き方」を学ぶのは思春期、つまり中学生の課題です。

発達段階を考慮すると、例えば「私の生き方を考えるプログラム」を小学校で実施するのは、少し行きすぎだと思います。これは中学校や高校の課題です。小学校では基盤となる「思いやりのプログラム」「達成感育成プログラム」など、人間としての基本的な力の育成にかかわるプログラムを組むことが大切です。

そして、中学生になると、「私はこれをやる」「私はこれをこうしたい」というように「私」という思春期の課題が重要になってきます。

※参考：「ガイダンスカリキュラムの広場」http://www.toshobunka.jp/sge/sodateru/gc1.htm

第4章 生徒指導は全教育課程で行う

生徒指導とは学校におけるすべての教育課程を横断しながら人格形成をめざしていくものです。本章では生徒指導と教育課程の関係を考えてみましょう。

●各教科・道徳・総合・特別活動での生徒指導

認知的な側面と情緒的な側面は分けられない

生徒指導の役割とは端的にいうと、学校教育における人格形成です。生徒指導とは、すべての教育課程を横断しつつ児童生徒の人格形成を意図して行うすべての活動の総称です。

「学校は『読み、書き、そろばん』ができればいい。人格形成や思想、心の領域に踏み込むことはしないほうがいい」という考え方もあります。私は、これは間違った考え方だと思いま

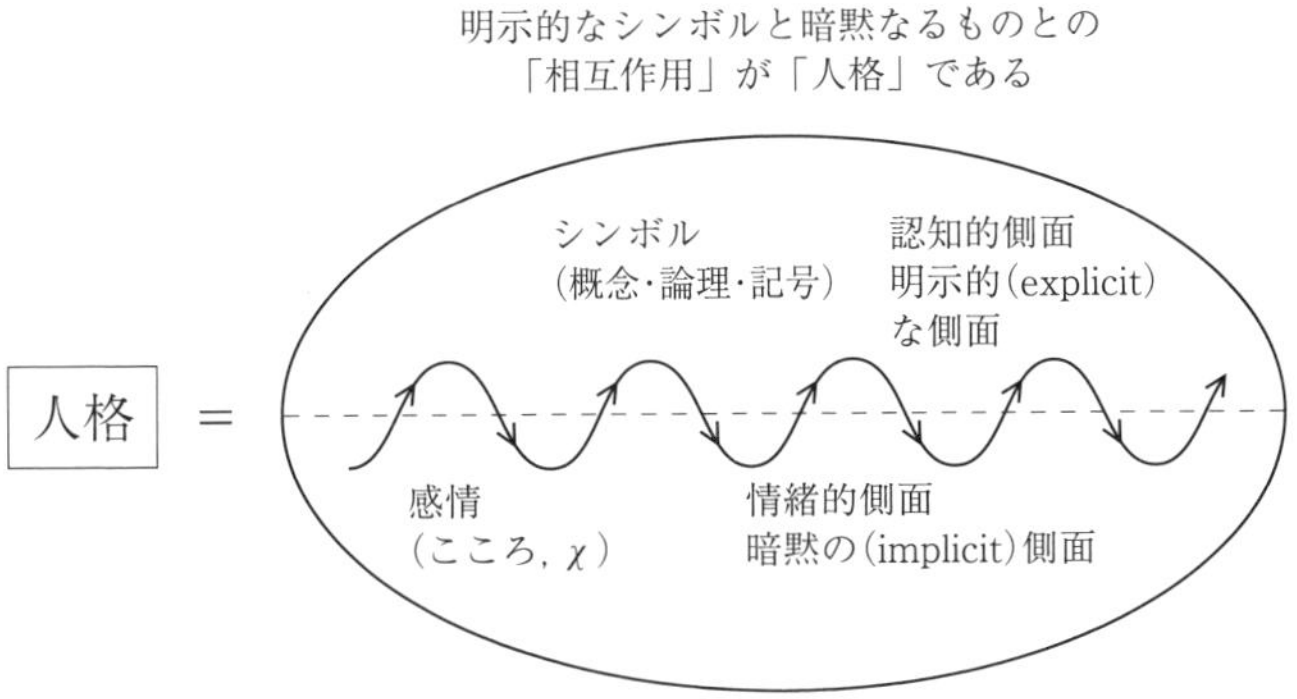

人格の相互作用モデル

す。というのも、授業を行っていながら児童生徒の人格形成にかかわらずにすませることは不可能だからです。

例えば、ある生徒が教師の質問に答えて、その答えをほかの生徒たちが冷やかしたり、からかったとします。そのとき、その瞬間に、教師がどのようなリアクションを見せるのか――即座に「どんな答えでもからかってはだめだ」と注意するのか、何も言わず放置しておくのか――によって、生徒は大きな影響を受けます。これによって、そのからかいがいじめに発展するか、からかいが止まるかが決まることもあるでしょう。

図のように相互作用モデルでみると、人格とは、明示的なシンボル（言葉、イメージ、動作など）と情緒的な「暗黙なるもの」との相互作用過程そのものである、と言うことができます。情緒と認識を切り離すことはできません。

例えば、「先生の言うことを聞いていればいい」という指導を行う先生がいます。この先生は自分は人格形成をしているつもりはないかもしれません。しかし、この発言によって、この教師は無言のうちに「上の者に従えばいいのだ」という考え方を押しつけて、生徒の人格に影響を与えているわけです。

いっぽうで、教科の授業展開に、一人一人の子どもが自分なりの考えをお互いにわかち合う場面を設けている先生もいます。子どもたちはこの授業を通して「人間はそれぞれ違った考え方をするものである。どちらかが正しく、どちらかが間違えているということはない。そこでお互いの考え方を尊重し、学び合うことが大切なのだ」ということを学んでいくでしょう。教師にとって授業こそが児童生徒の人格形成に最もダイレクトにかかわる場です。授業を通して生徒指導は行われているのです。

「わかる授業」こそが生徒指導の基本

したがって学習指導と生徒指導とは本来分けて考えることができないものです。とりわけ、「わかる授業」を行うことは最も重要な生徒指導の実践の一つです。「わかる授業」ができる、ということは、教師が子どもの視点に立って、どうすればわかってもらえるか、一人の人間として子どものことを尊重しているからできるわけです。逆に、「わからない授業」をして平気な教師は、一人一人の人間を大切にしなくてもいいということを日々子どもたちに教えているようなものです。

不登校になったり、反社会的な行動に出る子どもの多くは、授業がよくわからず、十分な成績がとれていません。そうした子どもにとって授業は、まったく理解できない学習内容をただ座って聞き続けなくてはならない苦痛な時間。子どもたちは「この教師に僕は（私は）大切にされていない」と感じながら教室に居続けているはずです。そのことが子どもの自尊感情を傷つけ、自己肯定感を低くしてしまっています。

わかる授業――これが生徒指導の基本です。というのは、わかる授業を受けることを通して、「人を大切にするとはどういうことか」を子どもたちは学んでいくからです。

「三つの機能」を生かして、授業で生徒指導を

「わかる授業」を行うことが、生徒指導の基本です。では、それを越えて、「授業で生徒指導」を実践するときに、具体的に何に着目すべきかというと、それはやはり、「自己存在感」「自己決定」「共感的人間関係」の三つです。一人一人の子どもが、「私はここにいていい」と自己存在感を得られる授業。一人一人の子どもが、「私はこの方法でやる」と自己決定できる授業。「君はそう思うんだね」と互いの考え方を認め合える。そういった授業をすることが、生徒指導の柱となるのです。

『提要』には、以下のような記述があります。

「毎日の教科指導において生徒指導の機能を発揮させることは、児童生徒一人一人が生き生きと学習に取り組み、学校や学級・ホームルームの中での居場所をつくることにほかなりません。このことには、児童生徒一人一人に自己存在感や自己有用感を味わわせるとともに、自尊感情を育て、自己実現を図るという重要な意義があります。また、教科において生徒指導を充実させることは、学級・ホームルームでの座席やグループの編成などを工夫することでもあり、学習集団における人間関係を調整・改善し、豊かな人間性を育成することにつながります」（p23）

すべての子に「わかる授業」を行ったうえで、プラスαで生徒指導の三つの機能を生かしていくこと。そうした授業を行うことこそ、学級づくりの柱であり、また同時に生徒指導の最大の機会にもなりうるのです。

道徳教育と生徒指導、めざすは同じ人格形成

道徳教育と生徒指導の関係について『提要』では、「両者の性格や機能は異なっていますが、両者には密接な関係があります」（p25）としています。しかし私は、この表現では弱すぎる、と思います。道徳教育も生徒指導もそれに取り組む視点が若干異なるだけで、両者がめざすも

のは同じです。「学校教育全体を通して子どもたちの人間形成をしていく」こと、これなのです。

道徳教育と生徒指導は「性格や機能は異なってい」るというよりも、「見ている視点」が異なるだけで、実体は「学校のすべての教育活動を通して行う人格形成」これ一つなのです。

いずれも、学校におけるすべての活動を通して子どもの「人格形成」という目標に迫っていくわけですが、この同じ目標に迫っていく際に、道徳教育のほうは、「道徳的な価値」という視点からアプローチするのに対して、生徒指導は、「自己存在感、自己決定、人間関係」といった視点からアプローチしていく、その視角が異なっているだけなのです。

道徳教育でも生徒指導でも、自分を律し、自分の人生を生きながら社会の発展に役に立つことができる主体的な人間を育成しようとするわけで、両者は内容的になんら矛盾するものではありません。本来は両者ともに学校全体をあげた人間形成をめざしていることをしっかり踏まえて、セクト（派閥）主義に陥らないことが大切です。

総合的な学習の時間——人格形成に非常に大きな視点を与えてくれる

総合的な学習の時間（以下「総合」）の目標は、「自ら課題を見付け、自ら学び、自ら考え、主体的に判断し、よりよく問題を解決する資質や能力を育成するとともに、学び方やものの考え方を身に付け、問題の解決や探究活動に主体的、創造的、協同的に取り組む態度を育て、自己の生き方を考えることができるようにする」とあります。

これもまた、生徒指導でめざす自己指導能力の育成と何ら矛盾するものではありません。そればかりか、実質的には同じ「能力」（コンピテンシー）の育成をめざしていると考えることができます。ある面から見ると、「総合」の時間こそがまさに生徒指導本来の理念を実現しようとしていると言っていいと思います。道徳と生徒指導の関係同様に、めざす「目標」は実質的に同じであり、ただその実現に迫っていくアプローチの「視点」が異なるだけなのです。

「総合」で重要視しているのは、「自ら課題に直面して課題を作り出す力」を育てていくことです。しかしこれは、放っておいて育つものではないので、教師の工夫が必要になります。教師が子どもたちに、「のっぴきならない課題」をいかに提示することができるか……これにかかっているのです。

「総合」の大きな特徴は、子どもを「世界や人生からの呼びかけ」に直面させて、それに応答していく活動を促していくことにあります。自ら課題を見つけ、自ら学び、自ら考え、主体的に判断し、よりよく問題を解決する資質や能力を育成していくのです。

世界には、さまざまな問題があります。「いまこの瞬間にも、食料不足、医療不足で多くの子どもたちが亡くなっている」「環境悪化で地球が危ない」……こういった問題を提示することによって、「これは、自分もかかわらざるをえない、のっぴきならない問題だ」「これは自分が引き受けざるをえない問題だ」と感じさせ、自分のこととして考えぬくことを通して、世界とのレスポンシビリティ（応答性、呼応性）を育んでいくのが総合なのです。

世界で起きている問題、地域で起きている問題を「自分自身にとってののっぴきならない問題として引き受ける覚悟をもつ子どもを育てる」――「総合」のこうした考えは、人間形成とは何であるか、ということを根本から考え直す視点を与えてくれます。人間形成とは本来、世界や地域の問題に無心に取り組むことを通して、その結果として、自然となされていくものです。世界や社会と切り離して、人間にどんな力（コンピテンシー）を身につけさせるべきかを論じても無意味です。

むしろ発想は逆であるべきで、この世界や社会の問題を自分自身の問題として引き受け、取り組んでいくためには、「どんな力」（コンピテンシー）が必要となるのかを考えるべきです。また、「問題を自分自身ののっぴきならない問題として引き受け、考えぬく」ことを通して、人格形成はなされていく、というこの考えは、子どもたちにとって最も身近な問題、「クラスで日々生じる問題」への取組みについてももちろん当てはまります。

「このクラスでこういう問題が起きている」という問いを子どもは提示されています。すると、「これこそまさに自分が取り組まなければいけない問題だ」「無関係ではいられない問題だ」と子どもたちが引き受けて、さらにそれにクラスのみんなで取り組んでいく――こうしたレスポンシビリティ（応答力）を育てていくことが重要なのです。

道徳教育と特別活動と生徒指導とを区別しすぎずに

道徳も総合も生徒指導も、実体は本来一つです。学校における人間形成、これに尽きます。特別活動も同様です。むしろ、特別活動の視点と生徒指導の視点はあまりにも似ているので、無理に区別しようと考えすぎないほうがいいのではないか、と私は思います。

両者の違いをあえて言うと、特別活動よりも生徒指導のほうが、「個」「自己」という視点がより強いといえるでしょう。反対に、より「集団」「人間関係」という視点が強いのが特別活動です。

特別活動の中心である学級会活動は、まさに生徒指導の重要な実践活動の一つでもあります。生徒指導と特別活動のいちばん重なる部分は、学級会活動と人間関係づくりです。

特別活動では、学級会活動、学級づくり、人間関係づくりを重視しています。生徒指導としても、この三つはとても重要な活動の柱です。

生徒指導では学校教育全体をあげて人間形成に取り組み、そこで育てるのは自己指導能力であるという原理・原則がありますが、この自己指導能力を育成するための具体的な場面の一つが、学級集団づくりや人間関係づくりの場です。

集団づくり、人間関係づくりを行ううえでのキーワードは、特別活動、生徒指導ともに「個が生きる」です。「個が生きる集団づくり」「個が生きる人間関係づくり」をしなければなりません。これを忘れて、「人間関係づくりが重要だ」「学級が大事だ」となると、個が死んでしまいます。

特別活動においては、「個が生きる」という観点、「自己指導能力」という観点を忘れずに、学級活動や人間関係づくりをしていくことがきわめて重要です。集団（学級）づくり、人間関係づくりをしていく際に「自己」や「個」という視点の重要性を改めて思い出させてくれるのが、生徒指導の考え方なのです。

●学校における人格形成の一本化を！（「一元的モデル」の必要性）

学校における人格形成＝生徒指導

生徒指導は、学校教育の全領域（各教科、道徳、特別活動、総合等）を横断するものです。「学校における人格形成＝生徒指導」と言ってもいいと思います。これが生徒指導の考え方の大きな特徴であり、「生徒指導は学校教育のあらゆる領域、あらゆる場面で働く機能である」

と考えられています。

「学校における人格形成」は、「学習指導と並ぶもの」という視点から見ると生徒指導に、「道徳的価値観や実践とのかかわり」という別の視点から見れば道徳教育になります。つまり「学校の全教育活動における人間形成」は本来、同じ一つのものであって、どの観点で切り取って見るかによって見え方が違うだけです。実体は一つなのです。

「生徒指導」「道徳教育」「特別活動」「キャリア教育」「育てるカウンセリング」……といった、さまざまな「観点」が存在するのであって、これらが指し示している実体は一つ、「学校の全教育活動を通しての人格形成」。これなのです。

一九八〇年代以降の現代思想の大きな潮流はポストモダニズム（近代主義の行き詰まりを打開しようとする思想運動）でした。このポストモダニズムの基盤となったニーチェの「観点依存性」（パースペクティビズム）という考え方が、ここで有効性を発揮すると思われます。

哲学思想の世界において、カント、ヘーゲルといった大哲学者がそれぞれに「これこそが真理である」と、それぞれ別のことを主張しているときに、ニーチェは大まかに言うと、こういう考え方を提示しました。

「すべて同じものを見ているのだ、ただその時々の観点の置き方が違うから、異なって見えるだけなのだ」。

（学校における人格形成にかかわる諸立場は、
視点が異なるだけで、実体は一つ）

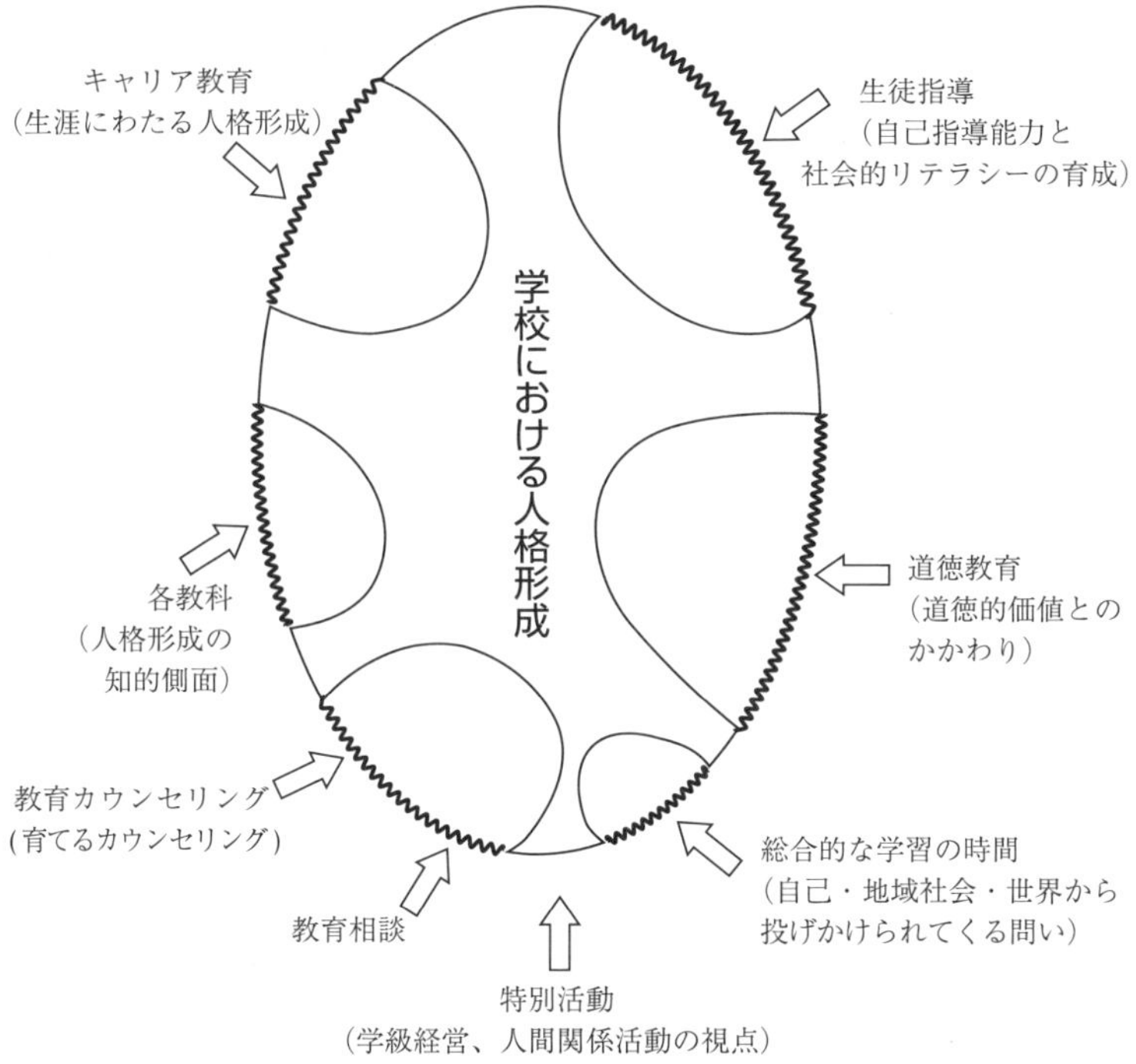

学校における人格形成にかかわるすべての教育活動

［異なる視点(パースペクティブ)から見ると、
人格形成の異なる相が浮かび上がってくる］

人間が人間であるかぎり、全体を見通すことはできません。ある制約された視点からしかものごとを見ることができないのです。「自分はこの角度から見ている」と、自分の視点の有限性、限定性に自覚的であることが大切です。それが自分のもつ哲学が「絶対的な真理である」という傲慢さに陥るのを防ぐ役割を果たしてくれる、とニーチェは考えました。

つまり、学校教育についてのさまざまな言説はどれも真理なのですが、「唯一」の真理ではないのです。道徳の言っていることだけが正しい、生徒指導の考え方だけが正しい、教育相談の考えだけが正しい、ということではありません。どれも正しいのです。ただ、一つの真理について、それぞれ別の視点から語っているだけなのです。どれも実は同じことを言っているのです。「ただ異なる視点から捉えているだけだ」と理解することで、お互いの視点を尊重し合うことができます。生徒指導、道徳教育、特別活動、キャリア教育、教育カウンセリングという学校における人格形成のさまざまな立場を、それぞれの立場のもつ良さを相互に尊重しながら理解していくうえで、「観点依存性」という考え方は重要な意味をもっていると思います。

人格形成のさまざまなモデル図

人格形成を説明するとき、私はよく縦軸・横軸の図を用いて説明します。個人を中心にすえて、縦軸が自分自身や超越したものとのかかわり、横軸が他者や社会、組織とのかかわりを示

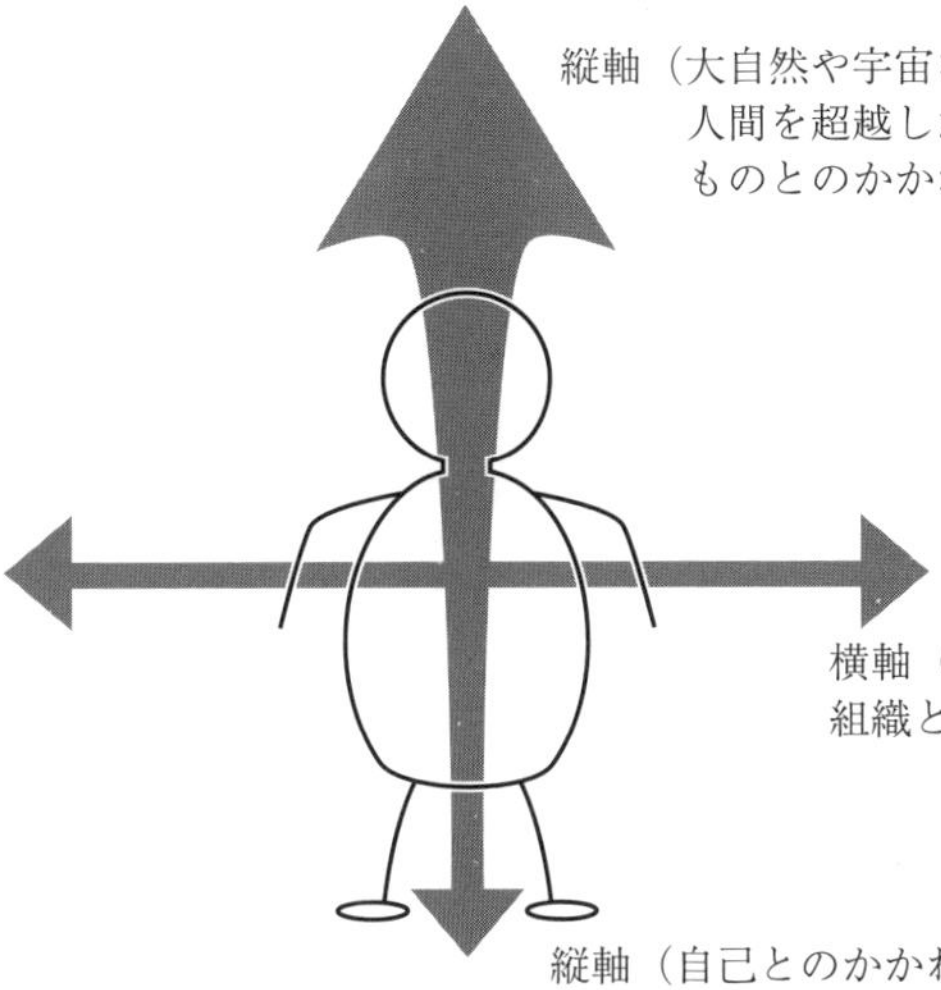

人格形成の縦軸と横軸

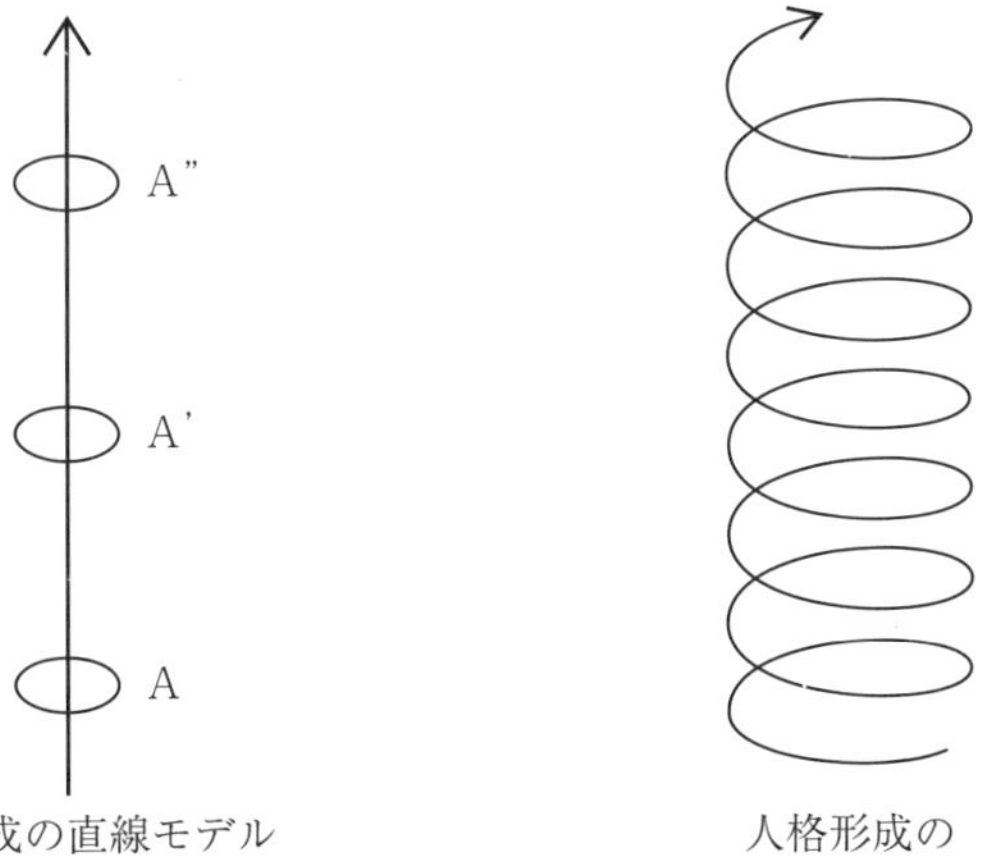

スパイラルモデル

す図です。けれどこれは、いささかスタティック（静態的）なものの見方です。

人間の日々の生活を現象学的にとらえていくと、人間はまず何よりも、世界や社会に開かれた存在であり、世界からの問いかけ、呼びかけにその都度「答え」を出すという仕方で応えています。「レスポンシビリティ（呼応性・応答性）」こそが、人間存在の本質なのです。いま社会や世界で起きているさまざまな問題――学級や学校、地域で起こる、比較的小さなローカルな問題から、環境問題、食糧問題といったグローバルな問題まで――に対して、自らを閉ざし背を向けるのか、それともそうした問いに対して自らを開き、自分自身にとってののっぴきならない問題としてそれを引き受けることができるのかを、絶えず問われているのです。

心理学者の中でこうした考え方に近いのが、ヴィクトール・フランクル（『夜と霧』の著者・精神科医）や、ユージン・ジェンドリン（フォーカシングを提唱した哲学者・心理療法家）です。人間は相互作用の過程であり、この過程の中で生じるのが人格形成であるという考えです。

また、人格形成はスパイラルモデル（らせんモデル）で理解するほうがよりリアルな理解が可能になると考えられます。人格は下から上に向かって直線的に発達していくわけではありません。らせん状に上がっては下がり、下がっては上がりを繰り返しながら全体として上がっていく……らせん的に人格形成をなしていくのです。

人格形成とは――「推進」という視点

人格形成がどう行われるか、その過程を大学の論文指導を例にあげて考えてみたいと思います。

学生の論文指導で私が最もよく行っている方法の一つは、傾聴です。指導教官がいろいろ導いていくのではなく、「あなたのほんとうにしたいことは何だろうね」と時折問いかけながら、学生自身が自分の抱える固有の問いを深めていくのを傾聴し理解していくのです。

そこで、学生が「自分のほんとうにしたいこと」は何か、「いまの論文に物足りないもの」は何かと内側に探っていきます。それは「インプリシット（implicit）といわれる暗黙の側面」です。「それが何か明確にはわからず言語化できないけれど、そこにこのテーマについての重要なものが含まれていることはわかる暗黙の側面」を探索していくのです。

学生は自らの内側に与えられたこの「暗黙なるもの」（implicit knowing）を手がかりにして、また先行研究をもとにしながら、いろいろ方策を練ったり、概念形成をしたりして考えていきます。そして、「こういうものの見方もできるかな」と自分が暗黙の次元で感じ考えていたことを論理や形式や概念にできたとき、「暗黙の何か」はふわっと解き明かされた感じになります。ジェンドリンはこの「解き明かされた感じ」の到来を「解明（explication）」と言い、解き明かされることで前に進んだ感覚のことを「推進（carrying forward）」と呼びました。これが人格形成なのです。

学術研究をはじめ、私たちの「認識」を深めていく営みにおいて、その情動的な側面と知的な側面を切り離すことはできません。

●人格形成の根幹をなすものとは

人格形成の根幹をなすものは「レスポンシビリティ」

上智大学教授の奈須正裕先生と『指導と評価』という雑誌で誌上対談を行った際、「総合的な学習の時間」の目的について、こんなふうにお話しされました（奈須正裕・諸富祥彦『答えなき時代を生き抜く子どもの育成』図書文化社）。

「いままで大人も答えを見いだせなかった答えのない問いを、自分自身の問いとして引き受けて、考え抜くこと。つまり、『君が生きている周りには、いろいろな人や物や事がある。その人や物や事のすばらしさや、とても困っていることなどとのかかわりの中で生きているんだよ。でも君ががんばって生き続けることによって、これが少しでもよくなったり、みんなが幸せになったりすることがたくさんあるんだよ』――こうして子どもに生きる覚悟を決めさせるのが、総合的な学習の時間の目的です。子どもたちが、『世界中の出来事は、すべて自分とかかわっている。自分自身と無関係ではいられない、のっぴきならない問題だ』という自覚をもって生き続けること。そこなんです」

子ども自身が世界に開かれていて、世界からの問いに心を開き、その問いかけに応えていく。一人一人が覚悟を決めて、自分が直面した問題――クラスの問題や地域社会の問題、環境問題や生命倫理、食糧危機の問題など――は、自分自身もかかわらざるをえない、のっぴきならない問題として引き受けて生きていくというレスポンシビリティ。

こうした人間としてのあり方を身につけていくと同時に、その問題を自分自身の問題として引き受けて生きている人同士が、お互いが背負っているものを見て、支え合ったり、慰め合ったり、助け合ったりしていく。そういった共同社会の創造をめざして学校で人格教育をしていくのです。

総合的な学習の時間だけでなく、学校で行うすべての人格形成の幹となるのが、この「レスポンシビリティ（世界からの問いかけ、呼びかけに対する呼応性・応答性）」の概念であると私は思います。

レスポンシビリティの中で社会的自己実現がなされていく

環境破壊や人口の急激な増大がいまのスピードのまま進んでいけば、人類は存在していけないかもしれません。いま、「持続可能な社会」が一つのキーワードになっています。「世代を越えて、環境・経済・社会の三要素のバランスの取れた社会」を作ることができなければ、人類そのものが存続不可能になっていくのです。

環境問題が社会問題として意識されていくにつれて、「当社はエコ商品を作っています」というのが企業のセールスポイントの一つになっています。

しかし、このように問題が矮小化されてしまうと、ほんとうの意味での持続可能な社会という問題に私たちは目隠しをされてしまいます。持続可能な社会という概念が持続可能な社会の実現を不可能にしてしまうという、矛盾をはらんだ結果を招いてしまうのです。

クラスの問題、地域社会の問題、よりグローバルな問題――こうした「世界からの問いかけ、呼びかけを引き受け、それに応えることのできる人間」ということが、学校教育全体でめざす人格形成の幹になる考えだと私は思います。『提要』ではこれを「社会的自己実現」と呼んでいます。「世界的自己実現」と言いかえてもいいかもしれません。

世界から私たちに投げかけられてくる問いは、見えないところから送られてきます。その問いかけを全身で受け止め、引き受けて、逃げずに応えていく。こうして、世界からの問いかけ、呼びかけに応答していく中で自己実現がなされていくのです。

「社会的自己実現」については、『提要』の最後で以下のように述べています。

「本書で繰り返し指摘されてきた、社会の中で自己実現を図りながら、個々の幸福を追求すると同時に社会の発展をも追求する大人への成長・発達です。そのためには、『社会を維持し、より良いものにしていく責任は自分たち一人一人にあるという公共の精神を自覚し、今後の社会の在り方について考え、主体的に行動する』（「教育振興基本計画」第１章（２））という、社会の形成者にふさわしい資質や能力の涵養が求められます」（p224）

「世界の問いかけ、呼びかけへの呼応性・応答性」、すなわちレスポンシビリティこそ、生徒指導のめざすところでもあるのです。

第5章　児童生徒理解——自己理解と発達障害の理解

児童生徒理解について本書では、①生徒指導の視点から見た児童生徒理解、②現代の課題である発達障害の理解と対応法の二点に絞って説明します。

●「自己理解」を深める実存的アプローチ

児童生徒理解のアセスメントの方法は四つ

児童生徒理解の仕方、アセスメントの方法には次の四つがあります。

●論理実証主義・認知行動論的アプローチ

認知行動療法的アプローチで子どもを理解するための最良の方法の一つは、子どもの行動をビデオに撮って観察することだと考えます。録画されたデータを見ることで子どもたちの行動記録をとり、いくつかの点に焦点を当てて、結果をグラフにしてデータ化していく、という方法です。心理検査を使った理解もこの分類に入ると思います。

●精神分析的アプローチ

保護者から聞いた子どもの生育史や家庭環境を重視する理解です。例えば、生徒指導部会や教育相談部会で話し合うときに、「この子の家庭はこうだ」「小学校のときにこんなことがあった」などと過去の出来事や家庭環境の面からその子を理解し、アセスメントをしていくのです。

●観念論的なアプローチ

これは、ユング心理学的なアプローチです。子どもが語る夢や、箱庭の中にその子の心の世界が反映されていくと見ていきます。

●実存的なアプローチ

カール・ロジャーズは、病院で心理カウンセリングを行うとき、医師の書いたカルテを見なかったといいます。カルテを見ると先入観が入ってしまいやすいからです。心を無にして、その人と一緒に時間を共有する方法をとったのです。こうしたアプローチを実存的なアプローチと言います。

無心で子どもの内面世界に入っていき、その内側から子どもの体験世界を共に味わうことが、子どもの理解につながるという考え方です。

自分のフィロソフィー（哲学）を確認する

児童生徒理解のアプローチ四つを概観しました。これはカウンセリング的な枠組ですが、生徒指導における児童生徒理解にも有効な枠組みだと思います。

私はよく先生方に、「子どもを理解するときに、先生ならどうされますか」と聞いています。「ビデオに撮って行動観察できるといいのですが」と考える先生は、認知行動療法の立場に近い方です。「まず、心理検査をしてみたいです」と言われる先生は、特性因子論的な立場に立っています。「親を呼んで、赤ちゃんだったころ、幼稚園児だったころの話から、いまに至るまでの話をいろいろ聞きたいと思います」と言われる方は、生育史や家庭環境を知ることで子どもを理解しようとする、精神分析的立場に立っています。「その子の作文や絵を見直します」と言われる先生は、観念論的な立場、ユング心理学的なアプローチに近いと言えるでしょう。

「とにかくその子と一緒にいたいです。そしてできれば話も聞いてみたい。共にそこにいることで、その子の心の世界をその子の内側の視点に立って感じ取りたいです」と言われる先生は、実存的アプローチを重視する立場に立っています。

あなたは、四つのうちどの方法を重視していますか。これを自覚することで、あなたが子どもを理解しようとするときに、どういうフィロソフィー（哲学）に立っているかがわかります。

生徒理解の基盤は実存主義的アプローチ

さまざまなアプローチを用いながら、多角的・多面的に児童生徒を理解していくことは大切です。

ただし、例えば、子どもの劣悪な家庭環境がわかったときに、「親に問題があるから仕方がない」などと、そこで子育ての支援の可能性を断念してしまう先生も時折おられます。それでは意味がありません。『提要』（p42）にも、**「集めた資料が先入観を生むだけであっては資料の収集も意味がありません」**とあり**「行動の原因を把握することによってその児童生徒の行動を改善し、望ましい人格の形成につなぐものでなければなりません」**と注意を促しています。

『提要』（p42）ではさらに、**「共感的な理解に基づき、一人一人の児童生徒の判断力を高め、意志決定の力を向上させる指導へとつながらなければならないのです」**と述べています。

質問紙（アンケート）を配布して質問項目に解答させる心理検査による理解や、生育歴を踏まえた子ども理解はもちろん有効です。さらに、それらの理解を生きたものにするためにも必要なのは、「いま、ここ」でのその子の内面世界の内側に入っていって、共にその心の世界を感じることです。子どもが自分自身について気づきを得て理解を深めていくそのプロセスに寄り添うような仕方でその子をその子の心の内側から理解していくこと。つまり四つのアプローチのうち「実存主義的アプローチ」が、生徒指導における児童生徒理解の基盤となります。

実存的理解では、先入観を排して、その子の心の世界を味わう

実存的なアプローチでは、子どもと一対一になり、先入観や判断をいったん脇に置き、無心でその子の内面世界を共に味わいます。「もし、自分がその子だったら」「この子の心には、世界は、学校は、学級や友達はどのように映っているのだろう」と、その子自身になったつもりで感じ取ります。その過程で、教師は「学校は君にとっては○○のようなものなのかな」と、子どもの内面世界についての理解を確かめる応答をしていきます。

「君はほんとうはどうしたいのだろう？」と問いを投げかけ、本人が「うーん」となりながら考え、自分の言葉にしていくのを待つ場面も必要でしょう。そうした場合には、教師の問いに答える形で子どもが自分を理解していく。そのプロセスに、教師がていねいに寄り添っていく。それに伴って、その子を理解していく。これが実存的なアプローチです。

このとき注意が必要なのが、子どもの発言の矛盾をつくような指導を入れないことです。子どもはしばしばウソをつきます。しかし、その「ウソをつかざるをえないところ」に子どもの心の真実が表現されているのです。その真実に近づくためには、子どものウソを見抜いてその

矛盾を突くのではなく、ウソをウソとわかったうえで、あえて「子どもの言い分を真に受ける」ことで、その子の心の真実に近づいていく心のゆとりが必要です。実存的理解では、「問題行動にも意味がある」ととらえ、子どものウソや問題行動を文字どおりそのまま受け取り、その意味を理解していこうとするのです。

子どもの話を聞いて、「それはわがままだ」と思ったとしても、とりあえず判断を停止して、子ども自身が世界をどう見ていて、日々どのように生きているのかを子ども自身の視点に立って、子どもの心の内側から理解していくのです。

●発達障害の理解

特別支援教育の理念＝生徒指導の理念

まず押さえておきたいことは、「すべての子どもは特別なニーズをもっている」から、一人一人の子どもの個性をよく理解したうえで、意図的計画的に対応していかなくてはならないという特別支援教育の理念は直ちにそのまま、生徒指導の理念にも通じるものである、ということです。

発達障害をもつ子どもを含めたすべての子ども、一人一人が特別なニーズをもった子どもである、という認識に立ってかかわっていくことが必要なのです。発達障害のある子どもを障害をもっていないほかの子とは違う「特別な子ども」と見ていくのではなく、クラスのすべての子どもを「一人一人違った、固有のニーズをもった子ども」と見てかかわっていく、ということです。

特別支援教育とは、ほかの子とは違う「特別な子」にだけ行う教育、と考えている教師がいまだに少なくないことを私は危惧しています。

本音では「本来は私たちの教育の対象ではない特別な子をやむをえず面倒みている」という思いをもたれている方が少なくありません。これはとても残念なことです。

下手をすると、発達障害についての理解が広まった結果、逆に教師の差別や偏見を助長することにつながってしまいかねません。「こういう子どもだから多少いじめられても仕方ない」などと考える教師がいるとすれば、それは大きな危険を伴います。

では、どうすればいいのでしょうか。

一つは、特別支援教育本来の考えを改めて見直すことです。

確かに、障害がある子どもに、配慮や支援は必要です。けれど、発達障害をもつ子どもだけでなく、子どもたち一人一人すべてが特別な存在であり、特別なニーズをもっている存在だ、というのが特別支援教育の本来の考えです。よって、すべての子どもたち一人一人を個別に理解し、個別に支援計画を立ててかかわっていくこと。この本来の理念を忘れないことが重要です。

発達障害の認識に関する注意点

『提要』は、発達障害についても多くのページを割いて説明しています。まず、発達障害に関する認識について、注意したいポイントを述べておきます。

①発達障害の子どもは各学級に二～三人いる

一つ目に、発達障害の子どもは、ごくあたりまえに各学級に二～三人いるということです。

②障害の「重なり」をもっていたり、途中で診断名が変わることがある

学習面での発達凸凹をもつ子（ＬＤ）、行動面での発達凸凹をもつ子（ＡＤＨＤ）、対人・社会性の面での発達凸凹をもつ子（高機能自閉症）と、一応三者に分けられますが、その状態像はかなり重なっていることが少なくありません。高機能自閉症の子の半数は行動的な問題ももっているという調査結果があります（『提要』p51）。「この子は○○だ」と安易に決めつけ、それにとらわれないことが大切です。

また、自閉症についても固定的にとらえるのではなく、スペクトラム（連続体）ととらえる理解が必要です。つまり、自閉症やアスペルガー症候群がそれぞれ独立したものではなくて、連続性があるという理解が必要です。医師の診断にもとらわれすぎないことが大切です。

『提要』では以下のように説明しています。

「発達障害の障害の特性は生涯にわたり持続するといわれていますが、成長に伴いそれらの特性が変容したりする場合もあります。例えば、幼少期には目立たなかった症状が、児童期以降に見られるようになり、診断名が変わったり、新たに加えられたりすることも少なくありません。また、成長に伴いそれらの特性が目立たなくなることもあります。そのため、児童生徒の状態を把握するときに、診断名や障害名だけで判断すると、間違った実態把握となってしまうことがあります。これは、診断名や障害名による先入観からステレオタイプな見方をしてしまう可能性があるからです。児童生徒一人一人の実態を的確に把握し、特性を理解することが大切です」（p52）

③教師は治療者ではないという自覚をもつ

いまのことと関連しますが、教師は障害そのものの治療にあたる治療者ではない、という自覚をもつことが大切です。

「学校現場でも障害名や診断名が教師間の話題になることが多くなってきています。発達障害に関する知識や情報が広がることはとても重要なことですが、診断は医療関係者が行うべきものであり、教育関係者が確実な根拠もなく安易に障害名を挙げ、判断することは避けなければなりません。そこには、児童生徒の言動をすべて特定の障害にあてはめてとらえてしまうようなことに陥りかねない危険性があります。その時の精神状態や状況によっても、障害特性に似たような言動をとることがあるということです」（『提要』p160）

例えば「この子はコミュニケーションがうまくとれないからアスペルガー障害だ」「この子は落ち着きがないからＡＤＨＤだ」といったレッテル貼りには大きな危険がつきまといます。「この子はこの障害をもっているから問題が起きるのは仕方がないのだ」と、教師としては診断名を聞くと一時的には気持ちが落ち着くかもしれません。しかし、とかく教師が陥りがちなのは、「つまりこの子は病気だから仕方ないってことですよね」「だから本来の私たちの教育の対象ではないんですよね」と考えてしまうことです。さらに「この子がいるから授業が成り立たない」「この子がいるからトラブルが多くなる」と「やっかい者扱い」をしてしまうことになります。

本来はそうではなく、「枠からはみ出す子どもの『集団に合わない部分』を変えてはみ出さないようにする」という発想を百八十度転換する必要があります。むしろ逆に、その子の「こだわり」を生かしたり、その子の存在を周囲の子の成長につなげていく、という発想の転換が必要になります。

こうしたものの見方ができるようになると――落ち着きのない子を見て、「この子は枠からはみ出たやっかい者だ」と考えるのではなく、「この子の存在をクラスの成長にどうつなげていくか」と考えられるようになると、発達障害の子の存在が、教師の力を鍛える一つの機会となりえます。

学級経営で二次障害を防ぐ

発達障害の子どもたちに対して学級担任の教師ができる最大のこと。それは「すべての子どもがお互いに受け入れ合う学級経営をすることで二次障害を防ぐ」こと。これに尽きます。

もって生まれた障害特性そのものを教師が変えることは困難です。しかし、授業の内容がわからないのが引き金になって教室を立ち歩いたり、隣の席の友達にからかわれたことが引き金になってトラブルを起こしてしまったり……こうした二次的障害の予防については、教師にできること――というより、教師にしかできないこと――がたくさんあります。教師がすべき最大のことは、この二次障害の予防です。すべての子どもがお互いにお互いを認め合えていて、ちょっかいを出したり、からかったりする子がいない学級経営をすることで、その子は教室の中で安心してすごすことができるようになります。すると、行動も落ち着いていくのです。すべての子がお互いにお互いを認め合っている――そんな「普通の子」にとってもいい学級経営をすることが、結果的に二次障害の予防になることは多いものです。

『提要』の「二次障害の早期発見と予防的対応」（p161）には、発達障害をもつ子どもの「自尊感情を高めていくことが大切」であるとし、次のように記してあります。

「自尊感情を高めるためには、自分は大切にされている、自分は必要とされているといった、他者からの賞賛や承認、評価が影響してきます。授業を始め、学校における様々な学習活動において、『わかった』、『できた』という達成感や成就感を感じる経験を積むこと、学級集団の中で自分の役割が与えられ、その役割をきちんと果たしていると感じられること、そして、取り組めていること、役割を果たしていることを、周りの人たちにきちんと認められていることが大切になります」（p162）

発達障害のある子どももそうでない子どもも、すべての子どもが安心して生き生きとすることができる、安全であたたかみのある学級経営をすること。これが、担任教師にできる最大のことであり、二次障害の予防につながっていくのです。

受け入れられると落ち着いていく

発達障害のある子どもも、ほかの子どもたちから受け入れられると安定し、落ち着いていきます。

高機能自閉症の子どもやアスペルガーの子どもたちは、対人的な文脈を読むことがとても苦手です。友達にからかわれるとそれを冗談ととらず、文字どおりに受け取ってしまい、突然大声で怒り始めたり、傷ついて落ち着きを失ったりします。そのとき、教師は「キレやすい子ども」「突然何をするかわからない子ども」と理解してしまいがちです。

しかし、その子にとっては、友達が例えば「バーカ」とからかっていることが、単なる「からかい」とは認識できずに、自分が傷つけられていると本気で思って、パニックになっていくのです。

ある例を紹介しましょう。

発達障害があり、体が大きく、怒るとモノを投げ飛ばしはじめるA君という男の子がいました。学級には、A君の反応が面白くてちょっかいを出し続けるB君がいます。しかしB君がA君をからかうのをやめたとたん、A君の行動はすっかり落ち着きました。学校から見ると「突然何をするかわからない、リスク大のA君」が、「普通におとなしくしているA君」へと急に変わっていったのです。

周りの子どもに受け入れられるだけで、多くの子は落ち着きを取り戻し、問題行動は減ります。本来もっている障害の特性によって周りの子に恐怖を与えていたのではなく、自尊感情が傷つけられ、自分でもパニックになって、そういう行動に出ざるをえなくなっていたのです。

教師にできる最大のことは、発達障害の子どもを、学級のほかの子どもたちが受け入れるようにする指導です。学級の一員として教師やほかの子どもたちから十分に認めてもらうことが、何よりも重要になってきます。すべての子どもが他者から傷つけられたり、仲間はずれにあったりすることなく、安心でき、生き生きできる学級経営をすること。それが二次障害を防ぎ、発達障害をもっている子のトラブルを最小限に抑えることにもつながるのです。

学級経営の柱は二つです。「安心感があること」と「お互いのよさを認め合うことができること」です。

発達障害の子どもは、私たちが考える以上に、周りから危害を加えられるのではないか、と不安を感じています。そんな子どもたちにとって、やんちゃな子や、人をからかうのが好きな子まで、いろいろな子どもがいる普通学級は、基本的にあまり住みよい場所ではありません。「相手を傷つけることはしない・言わない」というルールが学級に定着していて、誰からも脅かされることがないと安心できることが重要です。同時に、自分のいいところを教師や他の子から認めてもらえると、その子も自分のもち味を理解でき、自分のよさを伸ばしていこうという気持ちになってきます。教師にできることはこうした学級づくりなのです。

わかる授業の工夫――聴覚・視覚の両方に訴える

二次障害の予防という点では、「わかる授業」も重要です。

発達障害の子どもへの指導の第一原則は、「一指示一動作」、つまり「いっぺんにいくつもの指示を与えず、一つの指示で一つの動作を行うよう、一つずつ、短く区切って教える」ことです。例えば、「立ち上がって右を見ましょう」と言うのは×。「はい、立って」。「右を見ましょう」と伝えていくのが○です。

とりわけＬＤの子どもたちは、視覚と聴覚を同時に使うことが困難です。板書を取りながら先生の説明を聞くことは、非常にむずかしいことです。そこで、例えば、「明日持ってくるもの」として、「画用紙」と言ったら、「画用紙」と板書し、その子が記録を取るのを待ってあげることです。

本来は板書の時間と説明をする時間を分けるほうがいいのですが、それでは授業が終わらなくなることがあります。そこで、「板書を全部ノートにとらなくてもいい。赤で書いたところだけをノートにとる」「友達のノートをあとで写させてあげる」「教科書にアンダーラインを引くことで、板書を補っていく」など、さまざまな工夫をすることが必要になってきます。

ある中学校では、授業でのノートパソコンの持ち込みを認めてから、ＬＤの子どもたちの成績が急に伸びたと聞きました。文字の読み書きが苦手なＬＤの子どもたちは、キー入力すれば漢字が変換されるパソコンがあれば大きな力になります。こうした補助的な工夫によって、発達障害の子どもの学習は、だいぶ助けられるはずです。

幼保から小中高へとつなぐ相談支援ファイルを

今回の『提要』の重要なポイントの一つは、小学校から中学、高校まで十二年間、一貫した姿勢で生徒指導をしていく指針を示すことにあります。さらには、できれば幼保のころから中学、高校まで、同じ目線、一つの視点で見てかかわっていく、その指針を示したことにあります。

私は、一つの具体策として、幼保、小中高と同じ記録（相談支援ファイル）を使ってつなげていくことを提案したいと思います。

『提要』がせっかく「小学校から高校までの一貫した指導方針」を示してくれたのですから、具体的にデータを引き継いでいくことが大切になります。そのときに記録者の所見が記載されていると、子どもが、いつ、どういうアドバイスを受けたか、保護者や教師の対応はどうだったか、いままでの経緯がわかります。逆に言うと、「ここはまだやっていない」ということもわかります。

記録が抽象的な記述にとどまっていると、何をどう引き継いでいけばいいか連携の具体が見えにくくなります。

見える連携、つながる連携のためには、具体的な記述が生きてくるのです。

●発達障害の対応「保護者との協働」

保護者のつらい思いをくみとる

知能検査を行い子どもの特性を理解したつもりでも、つい子どもに無理強いしたり強く叱ってしまう保護者は多いものです。その結果、二次障害が大きくなっていきます。しかし、保護者のこうした行動の背後には、保護者自身のつらさやせつなさ、わかってもらえない孤独感などが潜んでいます。

でも、想像してみてください。自分の子どもが発達障害をもっていたら……と。

私が幼稚園・保育所、小中学校の先生方に「自分の子どもと、園や学校の子どもとでは、どちらのほうが落ち着いて、いいかかわりができる自信がありますか？」と質問すると、「仕事で子どもに接するほうが、はるかにうまくいきやすい。わが子だとついイライラしたり、カーッとなったりして、無理強いをしたりしてしまいますが、仕事だと感情にブレーキがきくのです」と言われる先生は多いです。

発達障害のあるお子さんと四六時中一緒にいるお母さん、お父さんの疲労感は相当なものです。こうした保護者の思いをくみとり、「親なのに……」といった姿勢で保護者を簡単に否定しないことが、子どもの二次障害の予防にもつながります。

なぜ、教師を遠ざけたくなるのか

「発達障害をもっている子どもの家庭との連携はむずかしい」と思われている先生方もいると思います。

先生方から見ると、「あの親は困ったものだ、自分の子どもの問題なのにかかわりたがらない」などと思われる方もいるでしょう。けれど、保護者の側からすると、「自分の子が先生から拒み続けられている」のは幼稚園・保育所からの積み重ねなのです。

例えば、中学校一年でその子どもの担任になったとします。面談で保護者が学校や教師を拒否するような発言をすれば、「この親は学校に対して批判的・非協力的で困る」と思うかもしれません。けれど、幼稚園、保育所、小学校に入園・入学して間もないころから、「おたくのお子さん、困っているんです」「普通学級では無理ではないでしょうか」などと、担任の先生からつらい言葉を投げかけられ続けてきたのです。保護者の中にはつらい思いが蓄積されています。

中学の担任から見れば初めて会う保護者であっても、保護者から見れば幼稚園や小学校のとき、自分につらい言葉を投げかけてきたのと「同じ先生」です。保護者の絶望感や孤立感や学校に対する否定感の背景には、既に何年もの間学校や教師から冷たくあしらわれてきた思いの蓄積があるのです。

その子の「かわいいところ」「好きになれるところ」を見つけて伝えましょう

保護者との関係づくりでまず大切なのは、教師自身がその子のことを好きになることです。落ち着きがなく、いつも他の子とトラブルを起こし続けている子の場合、その子を「指導対象」として見ると、「大変な子」だ、「面倒な子」だ、という印象が先行してしまいがちです。

ここでいったん「指導の対象」というフレーム（心のメガネ）を少しはずしてみましょう。「もしこの子が自分の親戚、例えばきょうだいの子どもだったら……」という目で見てみると、いかがでしょうか。その子が突然「ちょっと落ち着きのない、でもかわいらしい子」に見えてくることがあるはずです。その子の「かわいいところ」「好きになれるところ」が見えてくるでしょう。まず、ここから始めましょう。

このときのポイントは、無理をしてよいところを発見しようとするのではなく、自分の姪か甥のつもりで、普通に遊んでみることです。

異性の上級生と遊ばせてみるのもオススメです。私が見てきた例でも、発達障害のある男子を上級生の女子と遊ばせたとき、その子は上級生からかわいがられ、「素直に甘えることのできるかわいい子」の一面をのぞかせてくれました。そんな様子を見ると「この子もかわいいんだなあ」という感情が自然とわくものです。

子どもの「かわいさ」が発見できたら、それを保護者への対応に生かしましょう。発達障害をもつ子どもの保護者の多くは、「どうせうちの子はまた問題扱いされるだろう。先生にも嫌われているのだろう」という目で見ています。

ですので、私がスクールカウンセラーとして発達障害をもつ子の保護者と初めてお会いする際には、「お子さん、かわいいですね。僕はこの子を好きです」とストレートに伝えます。「ほめる」という姿勢（上から目線）ではなくて、ほんとうに「かわいいな」「好きだな」と思えるところを伝えます。「何とかこの子のいいところを見つけて、ほめよう」とすると、どこか嘘っぽさが漂いますし、保護者はそれを敏感に感じ取ります。保護者には、本音を伝えるしかありません。教師には元々子ども好きな人が多いはずですから、「指導目線」を外してその子を見ているだけで、自然とかわいさが見つかるはずです。

発達障害＝発達凸凹は「能力のバランス」の悪さ

発達障害は個性と理解すべきだ、としばしば指摘されます。しかし、単にお題目のようにそう考えているだけでは、うわべだけの言葉ととられて、保護者には通じません。私は発達障害を「能力のバランスの悪さ」と翻訳して保護者との面接にあたります。

心理検査を行うと、動作性の検査の点数と言語性の検査の点数が食い違うことがよくあります。発達障害の可能性があるお子さんに、教育センター等で検査を受けるよう保護者に勧めたいときがあります。そのようなとき、私は「お子さんには多少、能力のバランスが悪い点がありますね。学校としては、お子さんの能力を可能なかぎり伸ばしていければと考えています。どのような能力のバランスの偏りがあるかわかると、学校でお子さんの能力を可能なかぎり伸ばしていくためのデータとして役に立つのですが……」と保護者の方に伝えるようにしています。「診断を受けてほしい」と言われれば、どの保護者でも傷つき、孤立感を覚えて心を閉ざし始めます。「お子さんの能力を最大限伸ばしたい」という共通の目標を間に立てると、学校と保護者は、「子どもの能力を伸ばしていくためのパートナー」という関係を築きやすくなります。

発達障害の有無にかかわらず、どの子どももみんな、何らかの程度、バランスの悪さをもっています。国語は得意でも算数は苦手だったり、足は速いけれど水泳は苦手だったり、同級生とはケンカばかりしているけれど年下の子どもには優しかったり……。

私自身に関していえば、空間認識能力が低いのです。小学生のときのことですが、ソフトボールでファーストを守ると、フライが取れないために、ファーストフライが満塁ホームランになってしまっていました。また、地図を読むのが苦手なため、駅から徒歩数分の場所になかなか行き着けず、数十分かかることもあります。

こうした能力のバランスの悪さは、程度の違いはあれ、だれにでもあるものです。

私は先生方の研修で、「先生方自身には、どんな能力のバランスの悪さがあると思いますか」とおたずねします。すると先生方の多くが「自分には多動っぽいところがある」と手をあげます。「じっとしているのが苦手だからこの職業に就いた」という方も少なくありません。

多動っぽいところがある、というのは、よく言えば活動的ですが、裏を返せばじっとしているのが苦手ということです。「じっとしているのは苦手で、いつも動き回っているほうが好きだから、教師になった」という方は少なくないのです。そうやって人間は知らず知らずのうちに、自分の特徴を生かすような仕事に就いているのです。そして、自分の特徴や個性というのは、ある点から見れば長所（例：活動的）であるけれども、同時に別の点から見れば短所（例：じっとしているのが苦手）でもあるのです。

さて、あなたには、どんな個性があるでしょうか。他者とのコミュニケーションが苦手でしょうか。じっとしているのが苦手でしょうか。あるいは、私のように、空間認識能力が低いほうでしょうか。自分はどの傾向がいちばん強いと思いますか。どんな人もバランスの悪さをもっている——そう考えると、発達障害の子どもたちの能力のバランスの悪さと同様のバランスの悪さを私たち自身ももっていて、違うのはただ、程度の大小だけだと考えることもできるでしょう。

発達障害をもつ子の保護者との面接の三つのポイント

さて、以上をまとめると、発達障害をもつ子の保護者との面接では、次の三つのポイントが大切になります。

最初に「○○さん、かわいいですよね。私は○○くん、大好きですよ」と伝えます。「この先生は、これまでの先生と違って、うちの子のことを好きでいてくれる。私たちの味方なんだ」と実感してもらうことが大切です。

二つ目に「私自身も○○といった能力のバランスの悪さがあって、こんな苦労をしたんですよ」と、自分自身の能力のバランスの偏り、そしてそのためにしてきた苦労について、自分自身のことを語ります（自己開示）。そうすることによって、自分自身の立場を一歩下げること（ワン・ダウン・ポジション）ができ「同じ目線」に立つことができます。

三つ目に「学校としては、お子さんの能力を可能なかぎり伸ばしていきたいと思っています。そのために、お子さんの能力のバランスの悪さにどういう特徴があるか、もう少し正確にわかるデータがあると、学校としてもどういう指導ができるか、個別支援計画を具体的に考えていきやすいですね。お子さんの能力を伸ばすためにも、どこかで心理検査を受けていただくと役に立つのですが……」とお願いします。

この役は、できればスクールカウンセラーや教育センターの所員など、学校の外部の人が行うのが望ましいでしょう。養護教諭から伝えてもらうのも悪くありません。担任から言うのは、やめたほうがいいでしょう。

担任の教師からいきなり、「病院に行って診断を受けてください」と伝えられると、保護者に「この先生は私の子どもを障害児扱いしようとしている。もうこの先生とは話したくない」と拒絶されてしまうことも少なくありません。そうではなくて「私はお子さんの味方です。お子さんの能力を伸ばしたいので力を貸してください」という気持ちを伝えていくのです。「お子さんの能力を伸ばしたい」と伝えると、ほとんどの保護者は「ぜひに」となります。自分の子どもがもっている力を伸ばしたいという願いは、大半の保護者がもっているものだからです。

この三つを初回の保護者面談で伝えるのがポイントです。ファースト・コンタクトが肝心です。

第6章　集団指導と個別指導の相互作用

『提要』にも「集団指導と個別指導は車の両輪のような関係」（p.15）とあるように、両者をバランスよく指導することで、ポジティブな相互作用が生まれます。

●ルールとふれあいのある「集団指導」を

個が生きる集団指導を

集団指導と個別指導には、ポジティブな相互作用があります。個が生きることによって集団も育ち、集団が育つことによって、個もまた伸びていくというダイナミズムが生まれていくのです。

『提要』では、次のように述べられています。

「集団指導と個別指導については、集団指導を通して個を育成し、個の成長が集団を発展させるという相互作用により、児童生徒の力を最大限に伸ばすことができるという指導原理があります」(p14)

では、「個が生きる集団指導」とはどういうことか、具体例をあげてみましょう。

授業中、個性的な子どもが、先生の意図にそわない発言をしたとします。このとき先生が、「ほかに何か意見がある人」とその子どもの発言をほぼ無視するような形で流してしまうことがあります。するとその子は自分の存在感を感じることができなくなります。

いっぽうそこで教師が、「そうか……それは面白い考え方だな。先生も思いつかなかったよ」などと取り上げて、その価値をきちんと認めて、一緒に立ち止まって考えるとどうでしょうか。その子の自己存在感は高まり、個が育っていくでしょう。

また、同時に、「自分が考えたことを、堂々と発言していいんだ」という雰囲気が学級全体に広がります。すると、「発表しても自分の考えが否定されたら嫌だから」と発言を控えていた子どもたちも、安心して発言できるようになります。

学級内に秩序があり、安心できる環境の中で、教師が一人一人の子どもの発言をていねいに認め、クラスの仲間もきちんと聞いてくれる……。こうして「秩序とふれあいのある学級集団」を育てていきたいものです。

集団指導の原理「秩序とふれあい」

教育カウンセリングでは、集団指導の原理は次の二つだと考えます。一つは規律（ルール）を育むこと。もう一つは心のふれあいです（『学級集団づくりのゼロ段階』河村茂雄　図書文化社）。

その集団に秩序があること。お互いに認め合う集団であること。このどちらかが欠けてもよい学級集団は育ちません。

秩序がないと、バラバラで安心して過ごすことができない集団になってしまいます。反対に、後者が欠けると、秩序はあるけれど、ふれあいのない集団になってしまいます。

集団づくりの留意点

『提要』では、「あらゆる場面において、児童生徒が人として平等な立場で互いに理解及び信頼し、そして、集団の目標に向かって励まし合いながら成長できる集団をつくることが大切です」（p17）と述べられています。「人間が育つよい集団」とは、どのような集団でしょうか。七点、あげたいと思います。

学級づくり　欠かせないポイント①「全員が安心して生活できていること」

規律（ルール）がない学級では、子どもたちは安心して生活できません。不安が強い子どもたちにとって、いたるところで他人を中傷する言葉や怒鳴り声が聞こえてくる学級は、安心してすごせる場所ではありません。こうした子どもが、不登校になってしまいやすいのです。「みんなが安心して生活できる」ためには「ルールが守られている」ことが不可欠です。「最低限これだけは守ってほしい」と、私が考えるルールは二つあります。

一つ目は、「人を傷つけることはしない・言わない」ということ。いまの子どもたちには、自分は傷つきやすい半面、他人が傷つくことは平気で言う、というところがあります。そうした発言があったとき、教師はそれを見逃したり、流したりせず、そのつどしっかり指導することが大切です。日常的にも、「どういう言葉が相手を傷つけるのか」を学習するためのエクササイズを行うなど、予防的な指導を機会あるごとに行っていくことも大切です。

二つ目は、「人の話は最後まで聞く」ことです。授業中、他人の発言中に話し始めてしまう子どもがいます。これがテレビやアイドルタレントの話であれば、たいていの教師は厳しく指導するでしょうが、授業の中身にかかわる話だと、「ま、このくらい、大目に見てもいいか」と流してしまう教師も少なくありません。しかし、これがきっかけとなって、クラスに「ザワザワ」が定着し、その二ヶ月後に学級崩壊、というパターンを踏むことも少なくないのです。「人の話を最後まで聞いてから、挙手して発言する」というルールを徹底することが、「落ち着いた雰囲気」で安心して勉強できる環境を整えることにつながります。

学級づくり　欠かせないポイント②「一人一人が個性を発揮できていること」

一人一人の子どもが、教師との関係においても、子どもたち同士の関係性の中でも自分の言いたいことが言えて、個性を発揮できることが大切です。

とくに思春期の女の子は、「こんなことを言ったら、周りから変な目で見られるのでは」とピアプレッシャー（同調圧力）を感じて、思っていることを発言できない、個性を発揮できないことがよくあります。

①「安心して生活できていること」が土台にあって、②「個性を発揮できる環境」が整います。「変なことを言ったら仲間はずれにされるのでは」という心配がない場所でこそ、子どもたちはのびのびと個性が発揮できるのです。

学級づくり　欠かせないポイント③「一人一人が自己決定の機会をもつことができていること」

生徒指導の機能の中でも、最も大切なものの一つが、子どもたちに「自己決定の機会」をもたせることです。

例えば、学習目標を何にするかを決める。掃除する場所を自分で決める。遠足でどこに行くかを決める。修学旅行でのコースを決める……これらのすべてが「自己決定の機会」となります。最近では修学旅行の部分的なコースだけではなく、修学旅行でどこに行くかから、子どもたちに決めさせる高校もあります。

人は自分で決めたことだからこそ、自分で責任をもって取り組むことができます。そしてそういう体験こそ、一人前の人間へと成長する機会となっていくのです。

学級づくり　欠かせないポイント④「すべての子どもがその集団に貢献できる役割をもつことができていること」

一人一人の子どもが「私もこの学級で役に立つことができている」という喜びを得ることができる。――すべての子どもが「自己有用感」を感じることのできるチャンスを設けていくことが大切です。

例えば、係活動において、どんな係が必要かを自分たちで考えて、自分の係を自分で決める活動がこれに当たります。子どもたちは集団に貢献できる喜びを体験することができます。

学級づくり　欠かせないポイント⑤「どの子どもも達成感・成就感を得ることができている」

自分で決めた仕事をやり遂げることで、子どもたちは成就感・達成感を得ることができます。例えば係活動で、自分が必要だと思った係に自分で一生懸命取り組むことが、達成感・成就感につながっていきます。「自分で決めた課題を自分で成し遂げることができた」という達成感が、自分への信頼につながっていきます。それが子どものこれからの人生に大きな影響を与えるのです。

学級づくり　欠かせないポイント⑥「一人一人の子どもが集団での存在感を実感できている」

繰り返しますが、授業中に前の子どもの意見と似ている発言が出たら、「ほかにある人？」と流してしまう先生がいます。すると、流された子どもは、「僕（私）みたいにほかの子と似たようなことしか言えない子は、いてもいなくても同じなんだ」と感じて、集団での存在感を感じることができなくなってしまいます。

「君の意見はミウラ君の意見と似ているけど、このあたりが違うんだね」などと、少しの違いでも先生にきちんと気づいて受け止めてもらえると、子どもはその集団の中で自分の存在感を感じることができるようになります。

学級づくり　欠かせないポイント⑦「お互いにお互いを認め合える人間関係を築くことができている」

人間関係が苦手な子どもたちには、構成的グループエンカウンター、ソーシャルスキルトレーニング、ピアサポートといったグループアプローチが有効です。

また、構成的グループエンカウンターの「シェアリング（聴き合い活動）」の部分を授業の中で生かすことで、教科学習の中で、お互いがお互いを認め合える人間関係を育んでいくことができます。

例えば、算数や数学の授業で、問題を自分なりの解き方で解いていき、何通りもある解き方の中で自分が選んだ解き方について、五人組でシェアリングします。これによって、「ああ、君はそんなふうに考えるんだ、それもいいなあ」とお互いに認め合っていくのです。このように、教科の授業の中に、小グループでのシェアリングの場面を設けることで、望ましい人間関係を育てていくことができます。

こうした特質を備えた学級集団の中にあってこそ、一人一人の子どもは、「このクラスで自分は自分らしくいることができる。しかも自分の能力や可能性を十分に生かすことができて、この集団に自分なりに役に立つことができている。そして、ほかの仲間とお互いに認め合うことができている」と感じることができます。そしてそれが、その子のさらなる成長へとつながっていくのです。

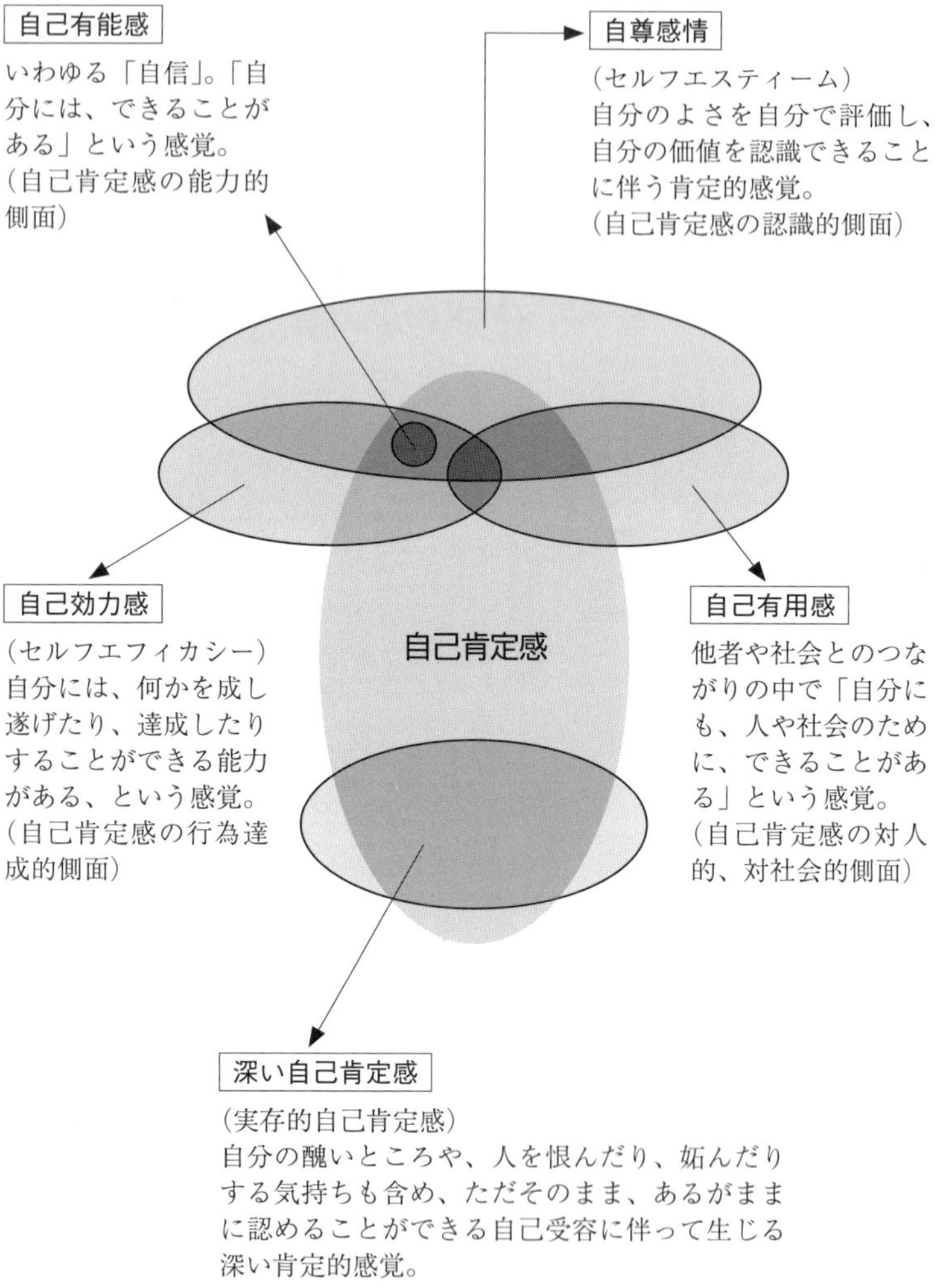
自己有能感
いわゆる「自信」。「自分には、できることがある」という感覚。
（自己肯定感の能力的側面）
自尊感情
（セルフエスティーム）
自分のよさを自分で評価し、自分の価値を認識できることに伴う肯定的感覚。
（自己肯定感の認識的側面）
自己効力感
（セルフエフィカシー）
自分には、何かを成し遂げたり、達成したりすることができる能力がある、という感覚。
（自己肯定感の行為達成的側面）
自己肯定感
自己有用感
他者や社会とのつながりの中で「自分にも、人や社会のために、できることがある」という感覚。
（自己肯定感の対人的、対社会的側面）
深い自己肯定感
（実存的自己肯定感）
自分の醜いところや、人を恨んだり、妬んだりする気持ちも含め、ただそのまま、あるがままに認めることができる自己受容に伴って生じる深い肯定的感覚。

「自己肯定感」と関連した諸概念（諸富，2011）

●個別指導には、三つの目的（成長促進・予防・課題解決）がある

『提要』では、生徒指導には、集団指導と個別指導があり、そしてそのいずれにも①「成長を促す」、②「問題が深刻にならないように予防する」、③「課題を解決する」という三つの目的があることが示されています。ここは非常に重要です。

①「成長を促す個別指導」

①「成長を促す個別指導」について『提要』には、「すべての児童生徒を対象に、個性を伸ばすことや、自身の成長に対する意欲を高めることをねらいとしたものです」「各教科、道徳、外国語活動、総合的な学習の時間、特別活動の授業、朝の会や帰りの会の時間、給食の時間、休み時間、放課後など、学校で行われるあらゆる教育活動を通して臨機応変に個別指導を行うことが大切です」「将来の生き方などについて話をしたりするなどの働きかけが考えられます」（p19）と述べられています。

成長を促す個別指導とは、例えば、このごろ力を十分に発揮できていないと感じられる子に廊下で会ったときに呼び止めて、「最近はどうした？　君ならまだまだできると思っている」などと肯定的な言葉かけをして、その子が自分のもっている個性や能力をさらに伸ばしていく

ことができるように働きかけていくことです。

その子自身が自分のもっているリソース（自己資源）に気づき、自信をもって生きていくことができるように援助をしていくのです。ソリューション・フォーカスト・アプローチ（解決志向アプローチ）がこの「成長を促す個別指導」において有効でしょう。

②「予防的な個別指導」

「予防的な個別指導」について『提要』では「**一部の児童生徒を対象に、深刻な問題に発展しないように、初期段階で諸課題を解決することをねらいとしたものです**」とあります（p19）。

「予防的な個別指導」では、日常的な場面での声かけが大事になります。例えば、最近、遅刻が多い子どもに声かけをする場面です。

「最近、遅刻が多いようだけど、どうしたの？」

「朝、起きられないんです」

「君は、毎朝どうやって起きているの？」

「いつもお母さんに起こしてもらってるけど、ガミガミうるさくて……。無理やり起こされるからよけい起きたくなくなっちゃうんです……」

この子の場合、思春期特有の反抗的な気持ちのために、母親の過剰なかかわりがマイナスに働いています。保護者と生徒との三者面接を行って、保護者に生徒の気持ちを理解してもらったうえで、生徒に、自分で目覚まし時計をかけて起きるように勧めてもいいでしょう。生活リズムの軽い乱れが見られる場合、早めに自分で行動を改善すると、起きるべき時間に起きられるようになります。しかし親への反抗が長引くと、それがきっかけで不登校になってしまうこともあります。これを予防するのです。これが予防的な個別指導です。

『提要』（p19）には、「具体的な指導方法としては、児童生徒が抱えている課題そのものの解決を助ける方法と、本人自身が課題を解決できるように援助する方法があります。個別の状況によって異なりますが、自発的・主体的な成長・発達の過程を援助する働きかけを生徒指導のねらいとしていることから、後者の援助方法がより望ましいと考えられます」とあります。生徒が、自分で自分の課題を解決するのを援助するのが、本来の生徒指導なのです。

③「課題解決的な個別指導」

予防的な個別指導は、例えば「朝、起きられないことが多く、遅刻はしているけれども学校に来ている子ども」に対して、問題が深刻化するのを防ぐ指導です。それに対して課題解決的な個別指導は、例えば不登校になっている子どもが学級復帰、学校復帰するのを支援していくような指導のことです。

チーム支援の重要性

　では、課題を解決するために必要な生徒指導のあり方とは、どのようなものでしょうか。『提要』にも記されているように、まず必要なのは「チーム支援」の体制づくりです。

　不登校、発達障害、家庭内暴力など、学校の抱えるさまざまな課題に対してはチームで取り組む必要があります。『提要』でも**「学級担任・ホームルーム担任の抱え込みにより、課題が悪化してしまい、解決が長期間に渡ってしまったなどのケースも少なくありません」**（p20）と注意を喚起しています。

　中学校ではチーム支援、とくに学年団での支援という発想が以前からありましたが、小学校の先生にその発想はまだ定着していません。小学校では、担任まかせ、あるいは管理職と担任で行うということが少なくありません。

　しかし、むずかしいケースが増えている昨今、『提要』にもあるように、小学校でも**「管理職、生徒指導主事等、学級担任・ホームルーム担任、養護教諭、スクールカウンセラー等の専門家でのチームとしての支援体制をつくる」**（p20）という発想が必要です。小学校でもチーム支援を是非進めてほしいと思います。

第７章　「チーム支援」の進め方

各学級にさまざまな問題を抱えた子どもたちがいて、問題も深刻化している現在、チームによる支援は不可欠です。ここではチーム支援の進め方を説明します。

●チーム支援体制の確立

担任が一人で抱え込まない

まず大切なのは、問題を担任が一人で抱え込まないことです。「学級の問題だから、私が解決する」と一人でことにあたり、問題を深刻化させてしまうケースは少なくありません。学級担任一人での指導には限界があります。

「無能な教師と思われたくない」という思いから、ほかの教師に相談できない先生もいるでしょう。しかし、今日の困難な教育現場では、先生同士の支え合いが不可欠です。「弱音を吐き、助け合うことも教師の務め」と考えて、ほかの先生方と相談し合い、支え合っていただきたいのです。

チーム支援が必要か否かの見きわめを

子どもの問題が起きたときは、その問題の大きさや質を見きわめて、対応を検討します。チーム支援のメンバーとしては、①担任と管理職、②学年団でチーム、③学校全体の教職員から必要なメンバーをリストアップしてチーム編成、④学校全体＋外部の専門家でチーム、といったパターンが考えられます。

チーム支援という発想は、小学校ではあまり浸透していません。基本は担任が対応し、むずかしいケースでも担任と管理職の二人で対応する場合が多いようです。しかし、小学校でも深刻な問題には、さまざまな関係者で支援チームを編成していく発想が必要になっています。

中学校教師の多くがチーム支援体制をつくって取組みを行っていますが、学年団での対応にとどまる場合が多いようです。学年団でも解決がむずかしいケースに関しては、学校全体で、あるいは外部の専門家と協力し合いながらの対応が必要になります。

幅広い人材を活用して、チーム支援体制の確立を

チーム支援を行う際、まず生徒指導部会で話し合うことが多いのですが、そこで中心的役割を果たすのは生徒指導主任（主事）です。生徒指導主任は、管理職や養護教諭などの意見を聞きながら、必要な人員をリストアップし、どうチームを編成するかを考えてコーディネートしていきます。

チームの人数は、多くなりすぎると機能しづらいので、五～六人が適当だと思います。考えられるメンバーとしては、担任、副担任、学年主任のほか、場合によっては生徒指導担当、養護教諭、スクールカウンセラー、スクールソーシャルワーカー、児童生徒の部活動顧問、その子の前の担任、児童生徒のきょうだいの担任、あるいは児童生徒と個人的に仲のいい教師などです。小学校の教師でその子をよく知っている先生が中学校のチーム支援に参加する場合もあります。

『提要』には、「相談員、支援員、学生ボランティア等を有効に活用することが望まれます」（p129）とあります。また、教職員だけではなくて、「生徒指導に関し豊富な経験を有する校長・教員ＯＢ」（p129）や「少年非行に見識の深い警察官ＯＢ、心理や法的な問題に詳しい専門家などをチームに加え」（p129）ることが重要になってきます。

校務分掌や学年という形式的な区分にこだわらず、その子を支援するために、ほんとうに必

要なメンバーであれば誰でも加わってもらう、という姿勢でチームを編成することが重要です。

●チーム支援の進め方

チーム支援三つのタイプ

『提要』は、チーム支援について、多くのページを割いて説明しています。むずかしい問題が多い現在、チームによる生徒指導は欠かせないためでしょう。

ここでは、『提要』の記述を補足しながら、チーム支援のプロセスをみていきます。

チーム支援の定義について『提要』では、「チームによる支援とは、問題を抱える個々の児童生徒について、校内の複数の教職員やスクールカウンセラーやスクールソーシャルワーカーなどがチームを編成して児童生徒を指導・援助し、また、家庭への支援も行い問題解決を行うものです」（p128）とあり、チーム支援の種類を次の三つに分類しています。

（ア）校内の複数の教職員が連携して、援助チームを編成して問題解決を行う「校内連携型」

（イ）学校と教育委員会、関係機関等がそれぞれの権限や専門性を生かしてつながっていく「ネットワーク型」

（ウ）自殺、殺人、性被害、深刻な児童虐待、薬物乱用など、学校や地域における重大な混

乱を生じる事態に対して、緊急対応を行う「緊急支援（危機対応）型」（p128）

チームによる支援のプロセス

では、チーム支援をどのようにして進めていけばいいのでしょうか。

1　チームによる支援の要請

『提要』には「深刻な問題行動や特別な支援を要する児童生徒の問題解決について」（p130）対応する場合に、チーム支援が必要と示されています。「深刻な問題行動や特別な支援を要する」とは、子どもが自分の心身を傷つけたり、ほかの児童生徒の心身を傷つけたりする危険性がある場合のことです。例えば、虐待を受けている、学校にナイフを持ってきて何かつぶやいている、リストカットをしていて「私はいつ死ぬかわからない」と自殺をほのめかしているなど。こうした問題は、担任と保護者だけで抱えていていい問題ではありません。「チームによる支援」が必要かどうかを検討する必要があります。

「チームでの支援が必要だ」と声をあげるのは、担任、教科担当、特別支援コーディネーター、教育相談担当、スクールカウンセラー……誰でもかまいません。そして、さまざまな立場の人から情報を集めて、「これはチーム支援が必要だ」と思われたら、校長にその旨を伝えます。

2　アセスメントの実施

「次に、関係する複数の教職員等が参加して、ケース会議を開催」（p130）します。

関係する教職員（六～八人、例えばクラス担任、学年主任、教育相談担当、生徒指導担当、養護教諭、スクールカウンセラーなど）を招集してケース会議を行います。それぞれ立場が違っているからこそ、見えてくるものも得られる情報もさまざまです。多様な視点から得られた情報によって、総合的なアセスメントを行うことで、その子についての立体的な理解が可能となります。その子の問題の本質はどこにあるか探っていき、支援の目標や方法を検討するのです。

例えば、自殺をほのめかしている子どもがいる場合には、「『私はよく学校の屋上から飛び降りる夢を見ます』と言っていたのを聞いた」「ときどき目を見ていると焦点が合わなくなっている」といった情報をそれぞれの立場から出し合っていきます。

必要であれば部活の顧問、きょうだいの担任、警察との連携の経験がある教師、養護教諭にも入ってもらいます。外部機関との連携が必要な場合には、管理職の決断が必要になりますから校長もチームに入ります。全体のまとめ役になるのは、ケースによって教育相談担当、特別支援コーディネーター、生徒指導主任と異なってくるでしょう。その子の問題をアセスメントしたうえで、支援メンバーを選ぶ必要があります。チーム支援のメンバーをどう選ぶかが、コーディネートする人間の力の見せ所です。

3　個別の支援計画の作成

「アセスメントに基づいて、問題解決のための具体的な個別の支援計画を作成します。すなわち、『何を目標に（長期目標と短期目標）、だれが（支援担当者や支援機関）、どこで（支援場所）、どのような支援を（支援内容や方法）、いつまで行うか（支援期間）』」（『提要』p130）を考えていくのです。

ただし、教師はみな多忙なため、綿密な支援計画を立て現実に進めていくことはなかなか困難です。そこでまず行うべきことは二つです。

一つは情報の共有です。お互いがもっている情報を、そのメンバーで集まっていろいろな角度から、「私はこういうことを聞いた」と情報を共有するのです。

二つ目が役割分担です。それぞれのメンバーに何ができるかを考え、それぞれが「できること」の役割分担をします。例えば、「母親が不安定になっているから、母親の面接はスクールカウンセラーが行う」「クラス内の人間関係の調整は学級担任が行う」「その子どもは養護教諭になついているので、本人のケアは養護教諭が行う」「この子はシンナーを吸っている可能性があるから、警察との連携は生徒指導担当が行う」といった具合にです。

4　チームによる支援の実践

役割分担をし、個々ができることを行いながら、定期的にケース会議を開きます。

大きな問題や緊急の場合は、三日に一度あるいは一週間に一度開きます。通常ですと二週間に一度ぐらいでしょう。

話し合いの内容は、①「それぞれが何をしたか報告し合う」、②「どんな変化が起きたか、新たな情報の共有を行う」、③「その子にかかわる方略（作戦）の見直しの必要があれば修正する」の三つです。

5 チームによる支援の評価・終結

『提要』には「個別の支援計画で設定した長期的、短期的な支援目標の達成状況について学期末や学年末に総括的評価を行うことが必要です」（p130）とあります。

現実的には次の三つのステップを踏んでいきます。

①「子どもの問題が収まってきたか、まだ支援を続ける必要があるかを考える」

②「作戦会議を続ける必要があるか、そろそろ終わっていいかを決める。問題が沈静化したのでチームは解散してもいいと決まったら、そこでチーム支援を終結する」

③「チーム支援を続ける場合には、今後、会議を開くスパンを新たに決める」

会議を開くスパンは、問題の沈静化の度合いに合わせて、二週間に一度行っていた会議を、次第に一ヶ月に一度、二ヶ月に一度というように、だんだん回数を減らしていきます。

チーム支援のポイント――「ケース会議」の流れ

●ケース会議とは

ケース会議では、当該の子どもに関する情報収集を行い、支援の目標・方法を検討します。さらに、だれが何をするか役割分担し、取り組んでいきます。

ケース会議について、『提要』では以下のように説明しています。

『事例検討会』や『ケースカンファレンス』とも言われ、解決すべき問題や課題のある事例（事象）を個別に深く検討することによって、その状況の理解を深め対応策を考える方法。

ケース会議の場では、対象となる児童生徒のアセスメント（見立て）やプランニング（手立て。ケースに応じた目標と計画を立てること）が行われる。事例の状況報告だけでは効果のあるものにはならないことに留意が必要である」（p102）

●生徒指導主事がコーディネーター

また、「チームによる支援の実施段階では、コーディネーターが中心となって、定期的にケース会議を開催します」（『提要』p130）とあるように、ケース会議のリーダー役を務めるのは、生徒指導主任の役目です。

チーム支援が成功するか否かのカギは、ケース会議がうまく開かれるかにかかっていますから、生徒指導主任にはリーダーとして、コーディネーター（関係調整役）としての能力が必要とされます。

●ケース会議のスパン

子どもの生命の危険がある場合など、緊急の場合は、三日に一度くらいは必要です。しかし通常は、二週間に一度程度が基本です。

そして問題が沈静化に向かっても、いっぺんに終了させてしまわないことが大切です。二週間、一ヶ月、二ヶ月……と徐々に期間を延ばしながら定期的に集まって情報交換をしながら事態を見守ることが大切です。

●報告し合い、計画の修正を

ケース会議の都度、チームメンバーの支援の内容や当該児童生徒の反応・変化を報告し合います。このとき、**「事例の状況報告だけでは効果のあるものにはならないことに留意が必要である」**（『提要』p102）とあるように、ただ報告し合うだけで終わらないことが重要です。

つまり、先の会議で立てたストラテジー（作戦）がどれくらいうまくいっているか話し合い、うまくいっていない部分は修正したり再度作成し直したりします。

学校種間や学校間の連携を

『生徒指導提要』の大きな成果の一つは、小学校から高校まで一貫した考えで「統一的な組織対応」を行っていく姿勢を示したところにあります。学校種間の連携（幼保・小連携、小・中連携、中・高連携）は、今後、さらに重要になってきます。『提要』（p131）では以下のように述べています。重要な箇所ですので、①〜④までそのまま引用し、各々に私の補足を入れます。

①合同研修の実施や生徒指導連絡会議の開催

「中学校区等を単位に、生徒指導担当者、養護教諭、特別支援教育コーディネーター、スクールカウンセラー、スクールソーシャルワーカー、関係機関の職員等が参加し、合同研修や生徒指導連絡会を開催して、当該校区の情報交換を行います。また、学校種を越えた支援が必要な場合は、学校種の担当者が合同でケース会議を開催し、問題の早期解決や長期にわたる継続的な支援ができるようにします」（『提要』p131）

合同研修や生徒指導連絡会が、形だけのものにならないようにすることが重要です。例えば、「うちのクラスの子どもを中学校で問題ありと見なされたくないので、問題は極力、中学校には提供しない」と考える小学校の教師も少なくありません。そうした個人の思いを越えて、中学校区で集まり、問題を共有していく姿勢が大切です。

②系統的、計画的な共通プログラムの開発・実践と幼児児童生徒の交流

「当該校区の実態に応じた問題行動の未然防止プログラムや社会的スキルの育成を促進する

プログラム等を開発し、小学校から中学校にかけて系統的、計画的に実践します。その際、各々の学校（園）だけで取り組むだけでなく、共通の行事を計画するなど、幼児児童生徒が触れ合う機会を設けることも有効です。

特に、同じ中学校区での児童生徒の交流や中学校生活の体験などは、中学校への接続を考える上で、児童の中学校生活への不安感の軽減に効果が期待されます」（『提要』p132）

これも重要です。新しい生徒指導の役割は、その学校の特性に応じた生徒指導プログラムを作成・実施することにあります。中学校区において、小・中で同じプログラムを実践することを通して、さらに効果を高めていくことができます（66、67ページコラム参照）。

③コンサルテーション体制の確立

「小学校の養護教諭から中学校の生徒指導担当者が専門的な助言を受ける、あるいは中学校の生徒指導担当者が小学校の生徒指導担当者に専門的助言を与えるなど、必要に応じて助言が行えるコンサルテーション体制をつくっておくとよいでしょう」（『提要』p132）

学校種間の連携という発想はまだあまり浸透していません。ある小学校の校長が学区の中学校の校長に、「子どもの問題について貴校のスクールカウンセラーに相談してもいいですか」と伺ったところ、「あの人はうちが雇っているのだから」と拒否されたという話も時折聞きました。スクールカウンセラーを介して人事交流を行えば、連携がスムーズにいくことも少なくありません。

④人事交流の実施

「教育委員会で計画的に学校種間での人事交流を行っていくことが有効です。教育や指導の連続性を理解することや児童生徒の理解につながります」（『提要』p132）

学校種間の人事交流は大切です。日ごろから、小学校の先生と中学校の先生で交流をもつことによって、児童生徒理解が深まります。特に不登校予防では有効です。

チーム支援の情報共有と守秘義務のとらえ方

守秘義務について、『提要』では以下のように書かれています。

「義務違反に対しては、懲戒処分及び刑事罰が加えられます。この義務は退職後も続くものです。ここでいう『秘密』とは、職務上知り得た秘密のすべてですが、たんに形式的に『マル秘』扱いされているということではなく、実質的にもそれを秘密として保護するに値すると認められることを要すると考えられています」（p135）

守秘義務の問題でむずかしいのは、守秘義務のとらえ方にいくつかのレベルがあることです。チーム内で情報を共有する場合は、「チーム内守秘義務」、学校内で情報を共有する場合には、「校内守秘義務」、個人的に聞いた話では「個人内守秘義務」になります。

例えば、スクールカウンセラーが、ある生徒がかばんの中にナイフを持って登校していることを知った場合、自分の胸の内にとどめるべきか、管理職に知らせるべきか、迷います。私は知らせるべきだと考えます。生徒がナイフを使って傷害事件を起こしてしまえば大変なことです。これは学校全体で共有すべき「校内守秘義務」になるわけです。

しかしながら、ナイフがらみで聞いたいろいろな話、例えばその生徒が恋愛関係で悩んでいたなどという話は、直接その問題と関係しません。そこまでは管理職や学校全体と共有する必要はありません。あくまでも個人として聞いた範囲でとどめておく必要があります。

問題とは直接関係のない話までチーム支援メンバーで共有してしまうと、ある先生が、当事者の子どもにうっかり話してしまうこともあります。すると「何でこの先生がそんなことを知っているの？　あの先生を信じて話したのに」と、教師と生徒の信頼関係が一気に崩れてしまいます。これまで心を開いてくれていた子どもが、一気に心を閉ざしてしまうのです。

教師は情報の共有化には守秘義務が伴うことを常に忘れないことです。いっぽうで、「ほんとうに共有すべき情報のみを共有する。共有の必要がない情報は個人内守秘義務でとどめる」という姿勢が必要になります。情報を得たとき、どのレベルの守秘義務に該当するか見きわめることが大切になります。

目標・ルール・情報の三つを共有する

いざとなったときに支援チームを組むわけですが、これを円滑に行い、支援を成功に導くためには、日ごろから、一貫性のある校内体制をつくっておくことが重要です。

『提要』には、**「校内の生徒指導の方針・基準を定め、これを年間の生徒指導計画に盛り込むとともに、授業研修などの校内研修を通じてこれを教員間で共有し、一人一人の児童生徒に対して、一貫性のある生徒指導を行うことのできる校内体制をつくることが必要である」**（p75）とあります。

一貫性のある校内体制をつくり、チーム支援を行うために、教職員間で共有していくものは、主に三つあります。一つは目標、二つ目はルール、三つ目は情報です。これを一つずつ見ていきましょう。

①目標を共有する

それぞれの学校には「伝統的に○○を重視してきた」——例えば、「思いやりの育成を大切にしてきた」「生活科や総合学習に力を入れてきた」など、これまでの学校の伝統や歴史があります。それを踏まえて「こういう子どもを育てる」という子ども像をつくり、教職員が日ごろから共有していることが重要です。

②ルールを共有する

『提要』では、「『社会で許されない行為は、学校においても断じて許されない』『当たり前にやるべきことは、当たり前にする』などを始め、『社会生活上のきまり・法を守る』、『あいさつをする』『してはいけないことはしない』『他人に迷惑をかけない』『時間は厳守する』『常に感謝の気持ちを忘れない』『授業時間中の態度をきちんとする（私語をしない、話をよく聞くなど）』」（p75）などと基本的な生活習慣を含めた、ルールの必要性について述べています。

「これはいい」「これはだめ」といったルールを教師間でしっかり共通理解しておくことです。例えば、「制服はこうあればよくて、こうしたらいけない」というルールがA先生とB先生で違うと、教師に対する不信感を生み出す原因となります。

③情報を共有する

児童生徒の情報をどのように共有するかが、学校の大きな課題になっています。多忙のため、情報の共有が十分にできていないという実態があります。

パソコンを使って情報ファイルを作成し、各教師が閲覧できるような工夫が必要です。それによって、会議を行わなくても、学年を越えた児童生徒の重要な情報を共有することができます。もちろん守秘義務がありますから、徹底した情報の管理が必要です。

それぞれの教師のもち味を生かした指導を

いっぽうで、それぞれの教師がもっている十人十色の個性を生かしたチームワークも大切です。

『提要』では、以下のように述べています。

「こうした明確化・具体化によって、ある教員は、児童生徒との信頼関係の下に、厳しい指導をすることがあり、また、ある教員は、児童生徒とじっくりと話すことで、粘り強く指導することができます。生徒指導体制を強固にするためには、こうした教員の様々な個性、年齢、体力、経験を互いに理解し、信頼関係を構築していくことが重要です」（p75）

教師の色を一つに統一する必要はありません。個性がさまざまに異なる教師がチームとなり、一丸となって動くから、大きな力となるのです。とくに中学校では、管理職の色が強いと一色に染まる傾向があるので、注意する必要があります。

例えば、教育相談が好きな校長のもとでは、教師がみな教育相談色に染まり、厳しい指導タイプの校長のもとでは、多くの教師が指導タイプに染まるという傾向があります。

校長が厳しい指導を行う学校では、多くの教師が厳しい指導型に染まります。すると強い指導を行うタイプの先生は「あの先生のおかげで、学校の規律が守られている」と評価されます。逆に相談タイプの柔らかな先生は、「あなたが甘やかすから生徒がつけあがる」と否定されがちです。

いっぽう、教育相談が好きなソフトな校長の学校は、教師がみな相談色に染まります。その中で、厳しい指導がもち味の先生は、「あなたが厳しいから、子どもが怖がって不登校が増える」などと言われがちです。

このように、同じ先生が同じことをしていても、Aという学校では高く評価され、Bという学校では低い評価を受けることが、しばしばあります。

『提要』にも、次のような記述があります。

「ややもすると、生徒指導は『厳しさ』を望みがちですが、一方で『やさしさ』こそが児童生徒の指導の本性に合うともいわれます。そのどちらも大切であり、必要であるといえます」（p76）

ここで管理職の先生にお願いしたいのは、子どもたち一人一人の個性を大事にするのと同様に、教師一人一人のもち味（個性）も大事にして、教師同士の信頼関係を構築し、チームワークづくりを行っていただきたいということです。

生徒指導主事（主任）の役割

①学校内外のコーディネーター

「この子どもの問題は深刻なので、全教職員で共有しておく必要がある」「この問題には全教職員で枠を越えて取り組んでいこう」といった方針を立てて、校内外の支援チームをリードし、関係の調整を行っていくコーディネーター的役割（関係調整的役割）を担う人が必要になります。学校内外連携のためのコーディネーターとなる人は、ほかの教師から信頼の厚い人が適任です。

『提要』には、生徒指導体制をつくるための具体的な方法について、次のように書かれています。

「校長・副校長、教頭などの指導の下に、生徒指導主事をコーディネーターとするマネジメントが必要です。それによって、学級担任・ホームルーム担任、学年主任、養護教諭、事務職員、スクールカウンセラー、特別支援教育コーディネーター、保健主事、学校医、歯科医、薬剤師、給食関係職員など、様々な関係者が、それぞれの役割・分野において、児童生徒一人一人への指導ができるのです」（p75）

コーディネーターに向いているのは、いろいろな先生から信頼されている、一目置かれている先生です。とくに中学校では、生徒指導場面では、教職員が一枚岩にならなければ解決できないシーンが多くあります。生徒指導主任には、力のある先生を置くことが重要なのです。

②プログラムの推進リーダー

これからの生徒指導では、すべての児童生徒を対象にした生徒指導プログラムの開発と推進を行うことが非常に重要になってきます。この生徒指導プログラムの開発と推進を行っていく柱となるのが生徒指導主任です。

③チーム支援のコーディネーター

重大な問題が発生して、チーム支援が必要となった場合、生徒指導主任が校長と相談しながらメンバーをだれにするか決め、話し合いをもとにどういう作戦で進めたらいいか方針を立て、メンバーで役割分担をし、チームで取り組みます。一定期間を置いてまた作戦会議を開き、情報共有と作戦の検討・修正をし、練り直しを行います。その中心となるのが生徒指導主任です。

このように、生徒指導主任の役割は非常に重要です。生徒指導のリーダーは孤立することなく、それを支える仲間が各学年にいる体制づくりが必要です。

第Ⅲ部 生徒指導と教育相談の新たな関係

第8章　理念は「自己指導能力」と「社会的リテラシー」の育成。方法は「教育カウンセリング」で

第9章　教育相談の進め方

第8章　理念は「自己指導能力」と「社会的リテラシー」の育成。方法は「教育カウンセリング」で

生徒指導と教育相談は本来、一つのものです。ただ、それを見る「視点」が異なるだけです。

●生徒指導と教育相談本来の関係

生徒指導と教育相談、本来の関係は

生徒指導と教育相談は、「生徒指導は規律を重んじる厳しい指導」「教育相談は受容と共感をベースにした優しい指導」としばしば対立的にとらえられてきました。しかし、両者は本来は一つのものです。

すでに見たように、生徒指導とは、学校における子どもの人格形成にかかわるすべての活動

です。したがって、本来、「教育相談は生徒指導の一部」なのです。

ここで必要となるのは、明確な理念と目標です。生徒指導の目標は、子どもの人格形成です。具体的には、「自己指導能力」と「社会的リテラシー」の育成です。この理念と目標を実現するためには、ときとして「相談的な視点」でのかかわりが必要となります。これが「教育相談」です。

生徒指導の理念、目標は、学校における人格形成であり、「自己指導能力」と「社会的リテラシー」の育成である、と言いました。しかし、当然ながら、理念と目標だけでは教育は成り立ちません。具体的な指導の方法と技術が必要になります。これを提供するのが構成的グループエンカウンターをはじめとする教育カウンセリングのさまざまなアプローチです。教育カウンセリングとは、「子どもの人格形成の成長・予防・解決を心理学的な方法論を使って支援する方法論」といっていいと思います。

端的にいいますと、生徒指導は学校における人格形成の理念や原理・原則を示します。それは、社会における自己実現であり、「自己指導能力の育成」と「社会的リテラシーの育成」です。

この理念と目標を実現するために、構成的グループエンカウンターをはじめとする多様な方法を提供するのが、教育カウンセリングです。その方法は、道徳、特別活動、総合、各教科など、学校教育のさまざまな場面で幅広く使えます。

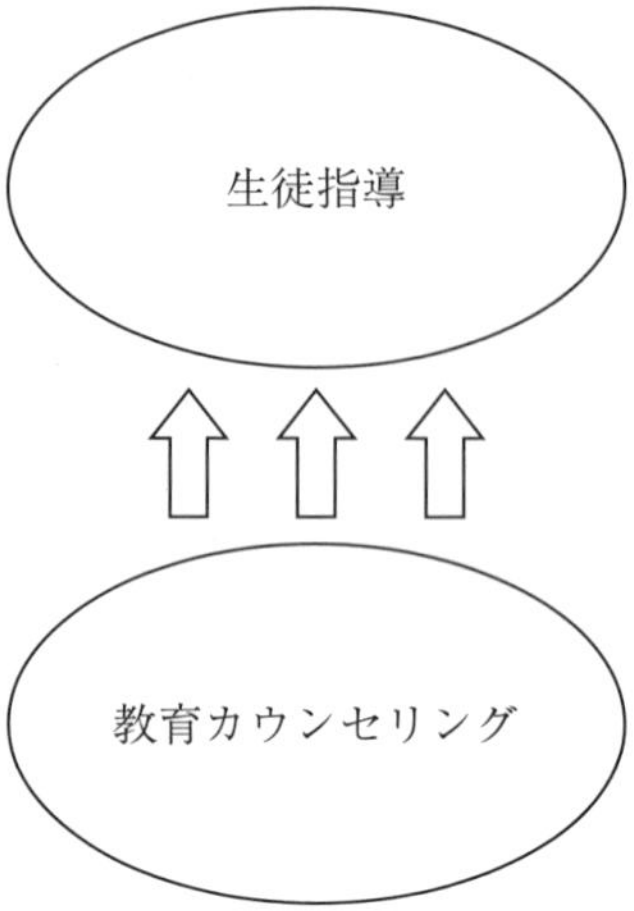

学校における人格形成の理念、フィロソフィー、原理、原則「社会における自己実現」
「自己指導能力」＋「社会的リテラシー」の育成

学校における人格形成を支援する理論と技法を駆使して、生徒指導の理念と目標の実現を支える
構成的グループエンカウンター、ソーシャルスキルトレーニング、ピアサポート、グループワークトレーニング等

生徒指導と教育カウンセリングの関係

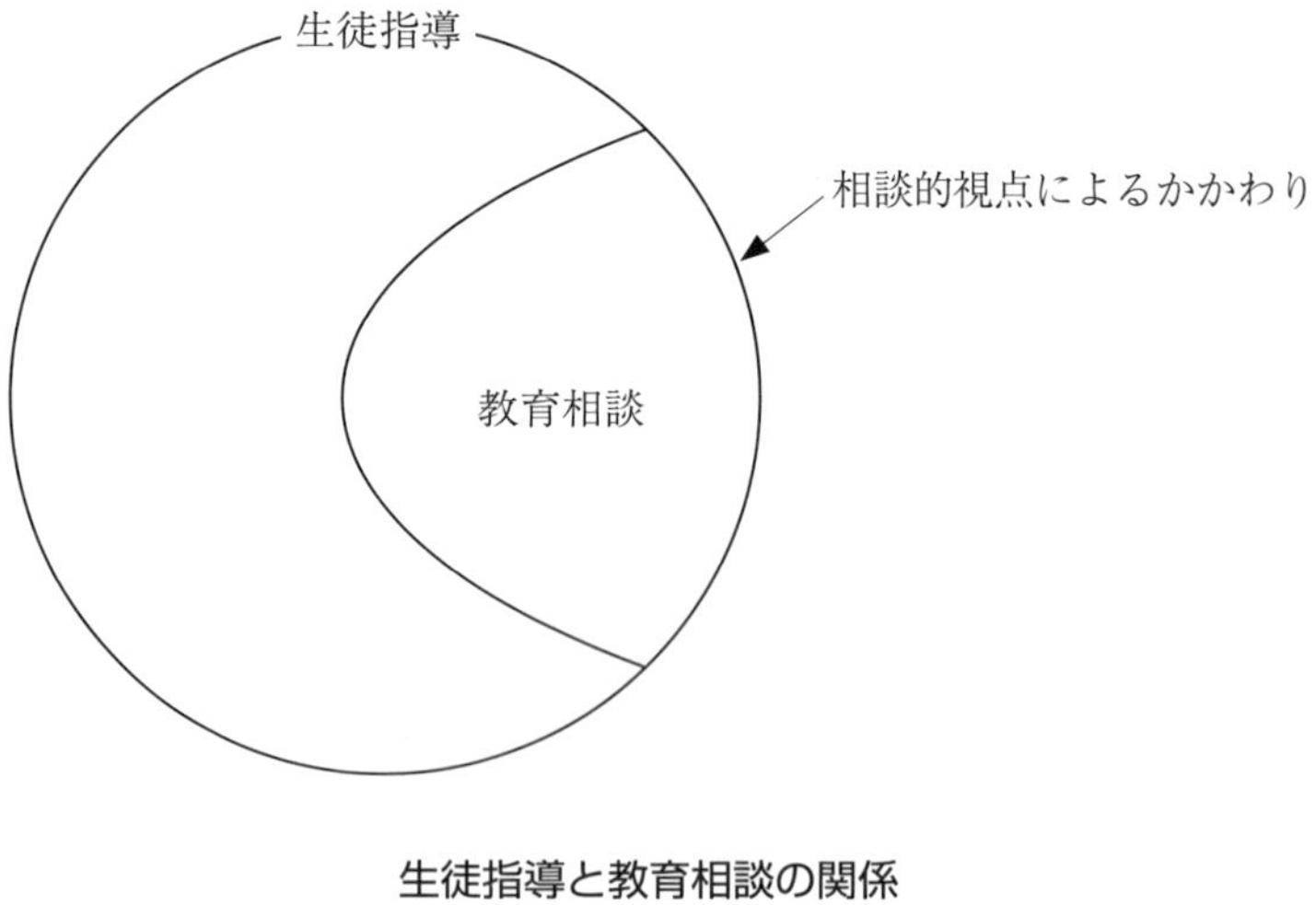

生徒指導と教育相談の関係

「問題解決」「予防」「成長促進」という三つの目標

さて、生徒指導には、①問題解決、②予防、③成長促進という三つの目的があると述べました。教育相談は生徒指導の一部ですから、当然教育相談でもこの三つの目的が求められます。『提要』(p99)にも、以下のような記述があります。

「教育相談は、一部の特別な知識と技法を身に付けた教員のみが行うものではありません。教員であればだれでも身に付けなければならない教育方法の一つなのです。学級担任・ホームルーム担任として教育相談を行うためには、①問題を解決する、②問題を未然に防ぐ、③心の発達をより促進する、などのスキルが必要です」

「問題解決」「予防」「成長促進」という三つの目的を明示したことが、『生徒指導提要』の注目すべき点の一つです。

生徒指導も教育カウンセリングも哲学は実存主義

生徒指導も教育カウンセリングも、フィロソフィー(哲学)の根幹は同じ「実存主義的な人間観」です。それは、生徒指導の「自己指導能力」という概念に端的に示されています。

実存主義的な人生観とは、「自分のことは自分で決定していく」「俺には俺の生き方がある」「人生の主人公はあくまで私自身である」……しかもそれは、他者との心のふれあいの中で形成されていくというのが、実存主義の哲学です。

この実存主義の人間観が生徒指導の理念の基底にあります。そして実存主義は教育カウンセリングにも大きな影響を与えています。

では、両者のフィロソフィーが同じ理由は何か。これにはちょっとした裏話があります。生徒指導のパイオニアである坂本昇一先生と、教育カウンセリングのパイオニアである國分康孝先生は、同じ大学院の同じ研究室（井坂行男研究室）の出身です。同じゼミの一学年違いの先輩・後輩であり、お二人が学ばれた当時は、一九六〇年代、実存主義が全盛の時代だったという共通点があるのです。

実存主義の核は「自分が人生の主になること」と「ふれあいの人間関係」

もう少し、実存主義の人間観を見ておきましょう。「真の自分自身になる」ことが「ふれあいのある人間関係」の中でこそ実現されていく。このことをストレートに語っている一人がカール・ロジャーズです。

ロジャーズは、「受容、共感、純粋性の三つの条件がそろった『ふれあいのある人間関係』の中で、人はより自分らしい、あるがままの自分へと向かっていく」と考えました。その方向性として、具体的には次の点を示しています。

それはまず、否定形で次のように語られます。

①偽りの仮面を脱いで、あるがままの自分になっていく
②「こうあるべき」とか「こうするべき」といった「べき」から自由になっていく
③他の人の期待を満たし続けていくことをやめる
④他の人を喜ばすために、自分を型にはめるのをやめる

さらにその変化の方向は、肯定形で次のように語られます。

⑤自分で自分の進む方向を決めるようになっていく
⑥結果ではなく、プロセスそのものを生きるようになる
⑦変化に伴う複雑さを生きるようになっていく
⑧自分自身の経験に開かれ、自分が今、何を感じているかに気づくようになっていく
⑨自分のことをもっと信頼するようになっていく
⑩他の人をもっと受け入れるようになっていく

ロジャーズがこうした考えをもつに至ったうえで、とくにキルケゴールの実存思想が大きな影響を与えています。

成功するカウンセリングの中で、「人は自分の人生の主人公となっていく」。

人が、カウンセリングの中で、自分の心のひだまでていねいに聴いてもらっていると、その

人は次第に、自分自身の内なる声に耳を傾けるようになっていきます。自分自身の気持ちに、より忠実に生きるようになっていくのです。と同時に、他者の言いなりになるのをやめていきます。さらに、より深く自分に忠実に生きるようになっていくと、もともっていた社会性が発揮されて、他者とよりよい関係をもてるようになります。人間はより自分らしく生きていけばいくほど、社会性も増してくる……これがロジャーズの考え方です。

ゲシュタルトの祈り——あなたはあなた。私は私

実存主義では、人間存在のかけがえのなさ、独自性を強調します。お互い独自の存在で、それを尊重しようとするのです。

ゲシュタルト療法の創始者フレデリック・S・パールズ（1893～1970）の詩は、この実存主義の理想を端的に示しています。

『ゲシュタルトの祈り』（パールズ　諸富祥彦訳）
私は私のことをして、あなたはあなたのことをする
私はあなたの期待に応えるために、この世に生まれてきたのではない
あなたも、私の期待に応えるためにこの世に生まれてきたのではない

あなたはあなた。私は私
もし二人、ふれあうことがあれば、それはすばらしいこと
けれど、もしふれあうことがなくても、それはしかたのないこと

この詩（ゲシュタルトの祈り）は、生きるということは、自分の人生の主人公になることであることをわかりやすく表現しています。

自分を生きている人間同士がふれあうから深いふれあいになるのであって、自分を生きようとしていない人同士がつながっても、ただベタっとした「依存的関係」になるだけです。

依存とふれあいの大きな違いは三つあります。独自性、自己決定、そして孤独を引き受けるということです。

「孤独を引き受けること」について、クラーク・E・ムスターカス（実存的心理療法家）は、「実存的孤独」と言い、それが大きな人間的成長へとつながっていくと説いています。

孤独であることと、他者と深くふれあうことは、お互いに支え合う関係にあるのです。

孤独を生きていない人は、他者と深くふれあうこともありません。（孤独が人間の成長にもたらす重要な意味については、拙著『孤独であるためのレッスン』〈ＮＨＫブックス〉、『孤独のちから』〈海竜社〉をお読みください。）

第9章　教育相談の進め方

教育相談について、私が考える現状の問題点と対応策についてみていきましょう。

●定期教育相談の進め方

定期教育相談は全員を対象に！

定期教育相談（教育相談週間）の現状について、「学校によっては教育相談を年間計画に位置付け、校内の児童生徒全員に定期的に実施しているところがあります」（『提要』p105）と記されているように、全児童生徒を対象にした定期教育相談を行う学校も増えてきました。

しかし現状ではまだ、自分で相談を希望する生徒にだけ、学級担任が教育相談を行う学校が多いようです。

これは、次の二つの点で問題があります。一つは、思春期（小四～高三）の子どもたちにとって、学級担任は決して「相談したい相手」ではないということです。

思春期の子どもたちは、どの悩みをだれに相談しやすいか、またその悩みをいちばん相談したくない相手はだれか調べた調査があります。その結果わかったのは、

「学習や進路の悩みについては担任がいちばん相談しやすい。その一方で、友達関係や恋愛、家族といった悩みについては、いちばん相談したくない相手が担任である」

――このような結果が出ました。

思春期の子どもは、親や学級担任といったいつも顔を合わせている相手だからこそ、知られたくない悩みがあるのは当然です。一学期は学級担任が行ってもいいのですが、それとは別に、学校のすべての児童生徒を対象に「自分はこの人と二人きりで話をしてみたい」と思う先生を選んで四方山話《よもやまばなし》でもいいから行う「定期教育相談」を行うことが大きな意味をもちます。選ばれた教師も、自分はその子の「心の第二担任」だというくらいの思いをもって、日ごろから気にかけ、声かけをしていく必要があります。

定期教育相談の目的は「予防」である

二つ目に、定期教育相談のいちばんの目的は、いま悩んでいる子の悩み事の解決ではなく、

これからさまざまな悩みをもつであろう子どもが、そうなったときに「この人なら相談できる」と思える（援助希求できる）関係をつくっていくという「予防」にあります。このことを明確にしておく必要があります。

定期的な教育相談本来の目的は「予防」にあるのです。調査票を配って「悩みがある人は相談しましょう」と希望をたずねる方式では、相談に来るのは一部の子どもだけに限られてしまいます。

定期教育相談の本来の意義は、生徒が「問題」に直面したとき、ためらうことなく相談でき、援助を求めることができる関係（リレーション）づくりにあります。実際に悩みが出たときのために、「この先生なら相談できる」という関係づくりを、一人の子どもに対して、できるだけ多くの教師が日ごろからしておくことが重要なのです。

教師と子どもたち一人一人との日常的な関係づくりこそが、予防的な教育相談の柱なのです。

●予防的な教育相談

保護者との関係づくりには、マメさが大切

児童生徒とだけでなく、日ごろから保護者との信頼関係を築いておくことが大切です。

「『親自身も知らなかった我が子の「良さ」』を教員から教えられることは保護者にとってうれしいことではないでしょうか。教員が我が子をいつもよく見守り、我が子の『良い面』を積極的に見ていると知ることは、保護者にとって大きな安心であり、子育ての意欲と喜びをもたらすものになるに違いありません」（『提要』p106）

保護者との関係づくりのポイントをいくつかあげておきます。

アンケートで「保護者が教師に求めるもの」の第一位にあがるのは、「子どもをよく見てほしい」です。子どもウォッチング、学級ウォッチングをし、観察事実をたくさん頭に入れておくことです。「この先生は、うちの子をよく見てくれているな」と保護者に思われることが、信頼関係につながっていくのです。

保護者との関係づくりのためのポイント、その一は、子どもをよく観察すること。その二は、それを忘れないために、メモ（記録）を取っておくこと。その三は、観察したことを小マメに伝えていくことです。

例えば、「リョウ君は、とくに年下の子どもに親切ですね。この間も、転んで泣いていた一年生をなぐさめていましたよ」などと、一人一人の行動や学級での様子について具体的に伝えることができると、「この先生は、よく見てくれているな」と保護者は安心感をもちます。

次に、マメな対応が、保護者との信頼関係づくりに重要です。逆にいうと、「学級だよりを作るのは大変だ」「保護者にいちいち連絡するのは面倒だ」というズボラな教師には、保護者との信頼関係はつくりにくいものです。

また、若い教師は、保護者からプレッシャーを感じると、すぐ引いてしまうところがあります。しかし、引けば引くほど、保護者のほうは「この先生で大丈夫なのかな」という不安を強めてしまいます。先生方のほうから保護者に積極的にかかわっていくことで、保護者に安心感が生まれます。経験の浅い先生でも、「自分は子どもにも保護者にも積極的にかかわっていく」という姿勢をみせることで、保護者から信頼感を得ることができるのです。

保護者面接のポイント

おもに子どもの問題について話し合う保護者との面接は、問題の解決に向けて保護者と教師がお互いに協力していく関係（パートナーシップ）を構築できるかどうかが、とても重要になります。ここがうまくいかないと、問題の解決に結びつかないばかりか、保護者との関係がこじれ、トラブルに発展することもあります。『提要』（p111）からポイントを抜き出しつつ、私なりの説明を加えたいと思います。

ア　むずかしい関係になる前に

「何事も生じていない時に保護者とよい関係を結んでおきます」――保護者と関係が悪く

なってから、そのあとで面接を行っても後手後手に回り、問題の解決がむずかしくなります。日常的に保護者との良好な関係を教師のほうから積極的に築いていることが重要になってきます。

イ　連絡の段階から相談は始まる

「電話連絡する場合は時間に余裕を持って行います。一方的に伝えたり、そそくさと切ったりすると、それだけで保護者の不安や不満を駆り立てることがあるからです」――保護者との電話は、「これだけのことを伝えるなら三分ですむだろう」と思っていても、話が長くなることが多いものです。教師のほうから一方的に話すことはせず、先方の話を聞く時間の余裕と心の余裕をもってから電話することが大切です。

「日時をきちんと約束し、複数の教員で会うときには学校側の関係者をあらかじめ伝えておく配慮も必要です」――担任と一対一で話すつもりで行ってみたら、学校関係者が何人もいたとなると、保護者は「数で圧倒されて……」となって、何も話せなくなるかもしれません。また、むずかしい保護者に対応する場合には、必ず複数の教師で面接することが重要です。一対一での面接の場合、後で、保護者と「言った、言わない」の争いになることがよくあるからです。

とくに若い先生が一人で対応すると、激しく責められることが多いものです。他の先生方に援助を求めて、複数の先生で面接することがきわめて重要です。

ウ　率直に問題を伝える

「呼出し面接の時は、『とにかく来てください』といったあいまいな言い方ではなく、率直に問題を伝えます。その際『～で困っています』よりも『～なので心配しています』と、児童生徒の問題解決が目的であることを伝えるようにします」――保護者に「先生から文句を言われた」という印象を与えないことが肝心です。「うちの子について文句を言われている」と保護者が思った瞬間、その面接は失敗に終わります。「お子さんのことが心配なので、お子さんのために一緒に問題解決にあたるためにお会いしたいのです」「お子さんのために何ができるかを、一緒に考えたいのです」という伝え方をしましょう。

エ　来校してくれた労をねぎらう

「自発にせよ呼出しにせよ、『雨のなか、大変でしたね』などといった来校した親に労をねぎらう言葉があるとよいでしょう」――とくにむずかしい問題を抱えた保護者は、教師がどのように接してくるか非常に敏感になっています。できれば玄関まで複数の教師でお迎えしましょう。

保護者が席についたら、飲み物と茶菓子をお出しするといいでしょう。飲み物は、クールダウンしてもらうために、冷たい飲み物がいいでしょう。茶菓子は心がなごむような甘い物がいいと思います。お茶とお茶菓子が出されると自分は大切にもてなされていると感じる保護者は多いものです。

「わざわざお越しいただきまして」「お忙しいなか、ありがとうございます」と、ねぎらいの言葉も忘れないようにしましょう。

オ　時間は長すぎないよう

「長くても一時間から二時間の範囲内にします」――保護者面接は長引いてしまいやすいものです。「今日は何時何分くらいまで時間をお取りしています」と、最初に「時間の枠」を教師のほうから伝えるとよいでしょう。すると、保護者も最初からそのつもりで話をすると思います。具体的に時間を設定しないと、話を切りにくくなって長時間に及んでしまい、切り上げたくても「まだ話は終わっていない」となることが多々あります。

カ　プラスの情報・具体的な話

「あらかじめ他の教員などからも児童生徒本人についてのプラスの情報を得ておきます。また、理念ではなく具体的な話を行うようにします」――事前に、その子どもについてのプラス、マイナスを含めたさまざまな情報を得ておくことです。保護者面接では、まずプラスの情報（子どものいいところ）を伝えて、関係づくりから始めます。本題に入ったときに、「では、何ができるでしょうね」と、親として教師として子どものために具体的に何ができるかを、一緒に考えていく姿勢が重要です。

キ　まずは保護者の話に耳を傾ける

「特に自発的に来校した場合には親の訴えにじっくり耳を傾けます。言い訳したり口を挟んだりせずに話を聞きます」――保護者の話を傾聴し、よく聴いていくことが重要です。話の途中で、「それはちょっと違う」「私にも言い分がある」などと思われることもあるかもしれませんが、それをすぐに言葉に出さないようにしましょう。まずは、保護者から「私の言い分を先生はよくわかってくれた」と思ってもらえることが先決です。「この先生にはわかってもらえない」「話を聞いてもらえない」となると、保護者の怒りが倍増してきます。

ク　「してほしいこと」を伝えるとき

「児童生徒や保護者の問題を指摘する時は、学校としてはどのようにやっていこうと考えているか、家庭には何をしてもらいたいかも加えて、前向きの話になるように心がけます」――家庭の問題点を指摘するよりも、「保護者にしてほしいことを伝える」姿勢のほうがうまくいきます。例えば、「お子さんは朝食もとっていないようですが、育児放棄ではないですか」と責めるのではなく、「マサキ君はお母さんのおにぎりが大好きなんです。一個でも二個でもいいので、おにぎりを作ってから仕事に行っていただけると喜ぶと思いますよ」と伝えるといいでしょう。

ケ　親が無口であまり表現できないとき

『明確化』などのカウンセリングの技法が役立ちます」――明確化とは、「お母さんがおっしゃりたいことは、こういうことでしょうか」と、半分代弁者になって、保護者の言わんとしていることを汲み取り、言葉にしていくことです。

コ　精神的な問題が感じられる場合

「保護者との間で少しでも信頼関係を形成し、安心してもらえるよう心がけます。また、その保護者以外に児童生徒の問題解決のキーパーソンとなる人を探すようにします」――例えば子どもが不登校であったり、家庭内暴力や非行をしているといった場合、保護者自身の精神状態が不安定になっていたり、うつ病を患っていることがあります。このようなときは、「親なのだから子どもの教育のために協力していくのが当たり前だ」というスタンスで注文をつけていくのではなくて、まず保護者の心のケアをすることが重要になってきます。

保護者の精神的な安定を支えるために、話をじっくり聴いていくことが大切です。ただ、教師がうつ病の保護者の話を聞くと、毎日二、三時間も話をし続ける、といったことになりかねません。教師の負担を軽減するためにも、スクールカウンセラーを有効活用していくといいでしょう。

教育相談担当者の役割とは

教育相談担当教師の役割について『提要』には、以下の記述があります（p112）。

「教育相談担当教員の役割としては、⑴学級担任・ホームルーム担任へのサポート、⑵校内への情報提供、⑶校内及び校外の関係機関との連絡調整、⑷危機介入のコーディネート、⑸教育相談に関する校内研修の企画運営、⑹教育相談に関する調査研究の推進などがあります」

教育相談担当のいちばんの役割は、コーディネーション（関係調整）にあります。自分がカウンセラーになったつもりで、悩みをもっている児童生徒すべての相談に乗ってあげることではありません。そのような姿勢でいると、担任との間にかえって葛藤が生じ、子どもの奪い合いのようになることが多くなります。

いくつか簡単に補足したいと思います。

①職員間での情報の共有

例えば中学校だったら学年に三名ずつぐらいは、学校全体で対応すべき子どもたちがいるでしょう。その子どもたちがどういう状態にあるのか、現在どういう対応をしているのか、情報を共有していくことが、コーディネーターである教育相談担当者がまず行うべきことです。

②関係機関との連絡調整

専門機関との連絡に関しては、教育相談担当に選ばれたといっても、どういうやり方がいいのかわからないことがよくあります。スクールカウンセラーを有効活用するといいと思います。

③危機介入のコーディネート

例えば子どもが「死にたい」と言っていて、実行の可能性がある場合にどうするか。これは、教師だけで解決できる問題ではありません。精神科医、教育委員会、スクールカウンセラーなどの専門家に声をかけ、総力をあげて自殺を阻止しなくてはいけません。そのためにだれに声をかけて、特別ケース会議を開けばいいのか、そのコーディネーション役を果たすのです。学校内外の関係者に声をかけ、連絡調整をしていく中心の役割を果たします。

④教育相談部会の運営

教育相談部会では、各学年の教育相談担当が集まって、各学年の問題となっている子どもたちの実際の情報を共有し、各学年でどう対応しようとしているかをそれぞれ話し合います。この部会で学校全体での情報の共有化を図っていくことが、教育相談担当の重要な役割の一つです。

教育相談部会をもつ際に重要なのは「原因探し」「犯人探し」をやめて、「できること探し」をしていく姿勢です。「原因探し」「犯人探し」の姿勢で話し合うと、「あそこは親がこうだから……」といった話だけで終わってしまうことがよくあります。これでは、何も前進しません。最終的な問題解決にすぐに至ることは、なかなかありません。

「とりあえず、何ができるか」「さしあたり、何からしていくか」をみんなで頭をひねって話し合う姿勢が必要です。

●養護教諭・管理職・スクールカウンセラー・スクールソーシャルワーカーの役割

養護教諭の役割――身体症状は、心を映し出す「鏡」である

教育相談において、養護教諭は非常に大きな役割を発揮します。問題をいちばん最初に発見できるのが養護教諭であることは少なくありません。

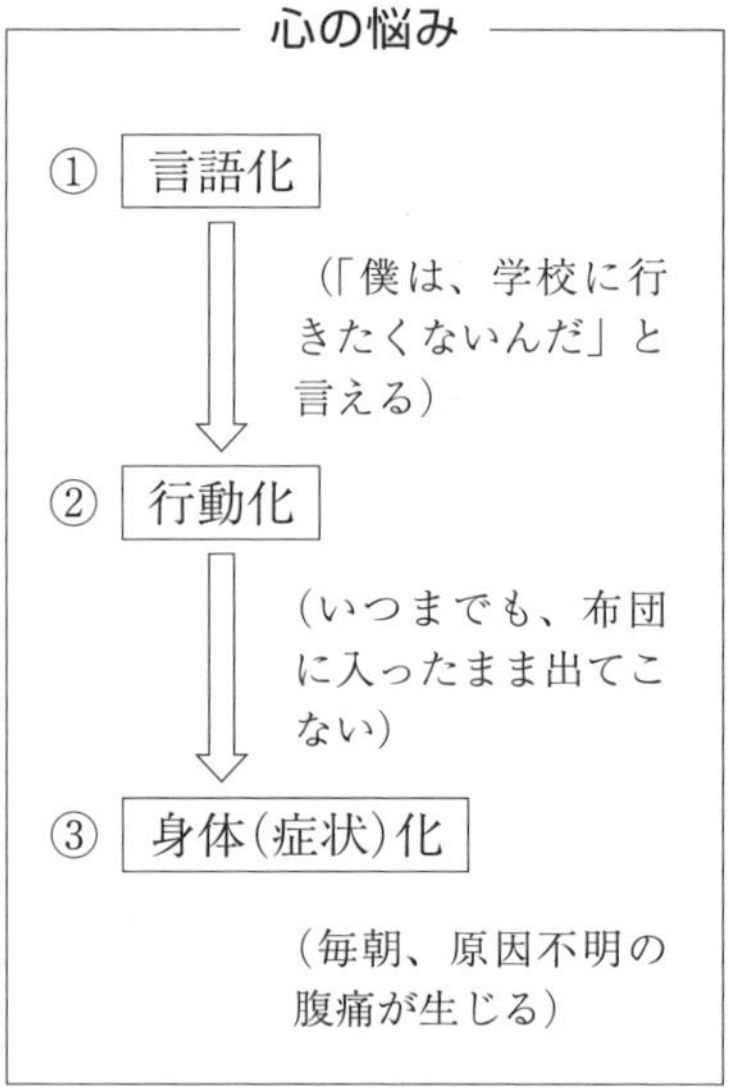

心の悩みの表現形態の変化

人間の悩みは、何らかの形で表現されます。それは大きく三つのステップを踏みます。第一ステップは言語化です。「僕は、つらいよ」「学校に行きたくないよ」と、言葉で悩みを表現します。しかし子どもはなかなか自分のつらい気持ちをうまく言葉にできるものではありません。すると、言語化できない悩みは、第二ステップの「行動化」をとります。行動化とは、黙って教室からいなくなる、遅刻が多くなる、早退が多くなる、保健室に逃げ込んでくる、朝、布団に入ったまま出てこなくなる――こういった行動として気持ちが表現されていることです。

言語でも行動でも気持ちを表せない子どもは、つらい気持ちを自分の中にため込みます。するとそれは、身体症状として表れます。「おなかが痛い」「頭が痛い」「体が震える」などと訴える、過呼吸になる、といった身体症状として表れます。これは実は、自分の悩みをうまく言葉にできない子どもの心が発しているＳＯＳなのです。こうした子どもたちが、「調子が悪い」と言って保健室へ駆け込んでいくのです。心の問題がどういう形で身体症状として出てくるのかについて、養護教諭はあらかじめ理解を深めておくことが重要です。

また、保健室に**「不自然なけがや、頻発するけがでよく来室する」**（『提要』p115）など、不自然な身体のあざやけがが、虐待によるものである場合もあります。それを見逃さないように努めるのも養護教諭の役割です。

管理職の役割――「支え合える職員室づくり」

管理職の大事な役割は、教師へのサポートと、危機場面での決断です。

ある教師が、担任するクラスの問題についてほかの先生に相談すると、管理職からすぐに「あの先生は力量がない」と見なされてしまう――このように管理職が管理的すぎると、先生方は、「自分で解決しなければ」と問題を一人で抱え込んでしまい、悪化させてしまいかねません。

学級の問題について先生方が安心してオープンに相談し合い支え合える雰囲気づくり、自分一人で抱え込まずにすむ雰囲気づくりが、管理職の大切な役割の一つです。

もう一つ、管理職に求められるのが、「いざ、というときの決断力」です。例えば児童生徒が家出をした、あるいは自殺をしようとしているといった大きな問題が発生したときに学校としてどう対応するか、リーダー役を担うのは校長です。このとき、先生方の意見を十分にくみ取ったうえで判断を下す、決断力のあるリーダーシップが校長には求められます。

管理職にこの姿勢がないと、先生方は安心して問題解決に取り組むことができません。「管理職が、先生方の意見を聞いたうえで適切な判断をくだしてくれる」という安心感の中で、教師はいろいろな問題に取り組むことができるのです。

スクールカウンセラーの役割

スクールカウンセラーの役割はおもに「①児童生徒や保護者に対する援助」「②教師に対する援助」「③外部機関との連携」の三つです。

スクールカウンセラーが留意すべきは「自分は心理の専門家だから」と、ワンマンプレイに走らないことです。

学校という臨床現場のすごいところは、教師チームが本気になって子どもの問題に取り組み始めたときに発揮するものすごいパワーです。スクールカウンセラーはむしろ、教師のコンサルテーション（助言・指導）を行うなどして、「黒子」に徹するべきです。

そのためには、スクールカウンセラーは、カウンセリングルームに閉じ込もっていてはダメです。職員室にひんぱんに出入りして、先生方から話しかけられやすい雰囲気をつくったり、自分のほうから「先生のクラスの○○さんのことが気になるんですけど……」などともちかけて教師と一緒に考える、という姿勢が大切です。

もう一つ、スクールカウンセラーの役割として重要なのが、外部機関との連携のサポートです。

外部機関との連携については、専門的な知識がないとむずかしいところがあるので、スクールカウンセラーが中心になって連携の具体的な知恵を練ることが必要です。

ただし、スクールカウンセラーの多くは非常勤なので、外部機関から連絡が来る日に出勤しているとは限りません。そこで、実際に外部との連絡をとるのは、生徒指導担当や教育相談担当にしたほうがスムーズです。教師が具体的に動くための「黒子」として、あるいは「作戦参《さん》謀《ぼう》」としてサポートしていくのがスクールカウンセラーの役割です。

スクールソーシャルワーカーの役割

『提要』には次のような説明があります。

「スクールソーシャルワーカーは、社会福祉の専門的な知識、技術を活用し、問題を抱えた児童生徒を取り巻く環境に働きかけ、家庭、学校、地域の関係機関をつなぎ、児童生徒の悩みや抱えている問題の解決に向けて支援する専門家です」（p120）

子どもの家庭や地域に問題があるために、子どもが登校しないケースがあります。例えば、両親とも無職で毎日昼過ぎまで寝ている生活をしていて、兄（姉）も不登校である場合などは、弟（妹）も不登校になりやすいのです。このような場合に、家庭訪問をして、家庭や友人関係、地域などに働きかけていくのがスクールソーシャルワーカーの大きな役割です。

私は、スクールカウンセラーも必要とあれば家庭訪問をしていい、と考えています。しかし、スクールカウンセラーは学校にいるべきで、家庭訪問をしてはいけない、としている教育委員会もあります。そこで、外部に出かけて家庭との連携を図ったり、環境調整を図ったりする、スクールソーシャルワーカーという役割が必要になってきたのです。

家庭や地域に出かけて環境調整を図っていくことも、スクールカウンセラーの職務の一部に含まれるという考え方もあります。するとスクールカウンセラーとスクールソーシャルワーカーを明確に区別する必要性があるかどうかは、議論の余地があるところです。

医療機関との連携――腕のいい医師の見つけ方

子どもの問題にメンタルな部分が絡んでいるときに、精神神経科や心療内科との連携が必要になる場合があります。ここでは、私なりに「いい医療機関の見つけ方」について説明します。

よい精神科医・心療内科医には三つの要素が備わっています。

一つは、薬の出し方が上手であること。最初から五～六種類もの薬を子どもに与えるのは、いい医師とは言えません。

二つ目は、子どもが、ほっとできる医師であること。説教好きの医師は考えものです。

三つ目に、学校の事情をよく理解してくれている、ということ。なかには、学校嫌いな医師もいます。学校批判をして、不登校の子の保護者に「もう学校へ行かせるのをやめなさい」と毎度のように勧める医師もいます。

この三つの条件を満たした医師が腕のいい医師です。医療機関での受診を勧めるときは、担任ではなく養護教諭やスクールカウンセラーから紹介するといいでしょう。担任が医療機関での受診を勧めたために、保護者との関係が悪化することは少なくありません。

第Ⅳ部
諸問題への対応

第10章　非行、暴力、いじめ、不登校への対応
第11章　インターネット、性、虐待、自殺など現代的な課題

第10章　非行、暴力、いじめ、不登校への対応

問題行動への対応には、問題行動への理解と子どもたちの自己肯定感を高めていくかかわりが重要です。

●問題行動を理解する

問題行動をとらえる視点

『提要』では「学校は十分な指導も行わずに学校の限界を主張したり、保護者の教育力がない、地域の協力がないなど、指導できない理由ばかりを述べる傾向もあります」（p153）と厳しい指摘を行っています。

子どもの問題行動について、原因がどこにあるのか保護者に聞くと、「学校や教師の責任だ」

と大方の人が答えます。逆に教師に聞くと、「本人や家庭の責任」と答えます。いわば責任のなすり合いをしているわけで、これでは前に進みません。

ある調査でどのような人が重大犯罪を繰り返すのか調べたところ、「学校でも会社でも家庭でも、救われる場所が一つもなかった人」という結果が出ました。逆に考えると、一つでも救われる場所があるならば、その人の人生は変わる可能性があるということです。教師が「家庭が悪い、地域が悪い、本人が悪い」と指導できない言い訳をしていたら、子どもたちを救うことはできません。どんなシビアな現状があっても「学校でできることをしていこう」という姿勢で指導にあたりたいものです。

学校を理解してくれる人をサポートチームに

現在、重大な問題に対応するために、学校問題へのサポートチームの派遣を行う教育委員会が増えています。とくに関西地域でサポートチームの派遣が盛んに活用され、今後各地に広まっていくと思われます。

『提要』にも、「学校において重大な事件・事故等が発生した場合や、暴力行為などの問題行動が発生して指導が困難な場合などに、教育委員会の指導主事やスクールソーシャルワーカーや臨床心理士、弁護士、警察官ＯＢ等で構成されたサポートチームを派遣し、早い段階からの的確な対応を支援している」（p158）とあります。

弁護士を上手に活用している例では、学校問題に詳しい弁護士を探して講師として呼び、年に五回ほど校内研修をしているところもあります。その弁護士を交えて生徒への対応の仕方について話し合っていくことで、教師の指導力が伸びていったそうです。

臨床心理士や弁護士や警察官ＯＢ、精神科医など、外部の専門家にかかわってもらうときには人選が重要です。弁護士だからといって、みな同じ助言をしてくれるわけではありません。学校の実状について理解がある人を選ぶことが大切です。

子どもの自己肯定感を高め、希望をもたせる指導とは

非行、不登校、いじめ……子どもたちのさまざまな問題の根っこにあるもの。それは「低い自己肯定感」です。「どうせ僕なんか」と思っている子が、その低い自己イメージに見合う行動をとります。ある子どもは「どうせ私なんか」と不登校になり、ある子どもは「どうせ俺なんか」とつぶやいて、万引きを繰り返すのです。

このとき、「どうやって子どもの自己肯定感を高めるか」が指導の中核となります。

例えば、子どもが万引きをしたとき、「何やってるんだ！　おまえは！」と怒鳴って追い詰める指導をする先生がいます。すると子どもは傷つき、「どうせ俺なんか」「どうせ私なんか」

と投げやりな気持ちになるので、問題行動はさらにエスカレートしていきます。

怒鳴って追い詰める指導は、教師への不信感や反抗心を抱かせるだけでなく、「どうせ俺は」「どうせ私は」という低い自己肯定感を抱かせ、子どもの心から希望を奪ってしまうのです。

では子どもたちの自己肯定感を高め、希望をもたせる指導とは、どのような指導なのでしょうか。一つは、**「児童生徒が、自分を理解してくれる、存在を認めてくれるなど自己存在感を持つ」**（p158）ことができるような指導でしょう。

一クラスの半分近くが不登校で、月曜日の教師の出勤率が六割という非常に荒れた中学校がありました。この学校では、授業中に教室に入らない生徒を追いかけ、怒鳴って追い詰める指導を行うことで、さらに子どもたちの反感を招き、荒れがエスカレートしていたのです。

しかし、校長が変わって事態は一気に沈静化していきました。このときこの学校で徹底して行ったことが、「①けっして怒鳴るな」「②けっして追い詰めるな」の二点でした。

具体的には、生徒に指導を入れるときには大声は出さず、近くに行って小さな声、穏やかな声で語りかけるような指導をすること、そして「先生は、あなたは必ず幸せになれると信じている」という信頼を前提として語りかけ、そのうえで「では、あなたはどうしたらいいと思う？」と生徒の心の内に問いかけていくような指導を繰り返し行っていったのです。

そのときの生徒指導担当教師は、例えば、次のように語りかけていったのです。

「ヤマモト……、おまえは十八歳になったら結婚して父親になりたいと言っていたよな。先生はおまえはそうなれると思っているんだよ。自分が望む幸せな人生を生きていけると信じている。でも、すると、父親になるまでにあと三年しかないぞ。いまの行動を胸をはって子どもに言えるのか？　おまえは、ほんとうはどうしたらいいと思うんだ……」などと何度も穏やかな声で粘り強く語りかけ続けていったのです。

このような指導をしていると、子どもの心に少しずつ、教師への信頼と、自分の人生への希望がじわーっと広がっていき、次第に問題行動が落ち着いていったのです。子どもが、「この先生は俺（私）の人生を信じてくれている。俺が幸せになると信じてくれている。俺の人生の味方なんだ」と実感できるような指導、これが荒れた子どもたちへの指導の基本です。

●少年非行・不良行為への対応

「非行少年」の定義とは

『提要』では、非行少年の二つの定義が示されています。

まず「非行を狭くとらえた定義」として以下のように述べています。

「①十四歳以上で犯罪を行った少年（犯罪少年）、②十四歳未満で犯罪少年と同じ行為、つまり刑罰法令に触れる行為を行ったが、年齢が低いため罪を犯したことにならない少年（触法少年）、③犯罪や触法まではいかないが、具体的な問題行為があって今後犯罪少年や触法少年になる可能性の高い少年（ぐ犯少年）」（p166）

そしてそれに加えて、「もう少し広く対象をとらえたものに不良行為少年があります。これは警察などが補導の対象とするものです。少年警察活動規則第2条に『非行少年には該当しないが、飲酒、喫煙、深夜はいかいその他自己又は他人の徳性を害する行為（以下「不良行為」という。）をしている少年をいう』と規定されています」（p166）

「非行少年」と「不良行為少年」はこのように区別されています。しかし、学校ではこれらを含めて「非行傾向」としてとらえていると思います。

非行傾向のある少年のさみしさ——物を盗む子は、愛を盗んでいるのだ

非行傾向のある少年には、どのような気持ちが潜んでいるのでしょうか。

自由教育で知られているA・S・ニイルはこう言っています。

「盗みをする子どもは実は、物を盗んでいるのではない。愛を盗んでいるのである」——この一言は、本質を突いています。物を盗む子は、物が足りないからではなく心が満たされていない（愛情不足）から、愛の代用として、物を盗んでいるのだ、と言うのです。

では、なぜいま、愛情不足の子どもが増えているのか。その一因は、「大人になりきれていない（心の未熟な）親が増えていること」にあるでしょう。親がまだ十分に成熟しきっておらず、大人になっていないと、子どもに十分な愛を与えることができません。子どもを家に放置したまま、自分の趣味に時間を割く保護者が増えています。

しかし、これは一概に責められるものでもありません。自分を犠牲にして子育てをすることでストレスをためて、子どもを怒鳴り散らしたり、暴力をふるったりするくらいなら、親がストレスをためないように、自分の人生を楽しむほうがずっと賢明だからです。程度の問題でしょう。

大人との親密なかかわりに飢えている子どもたちが増えています。心のさみしさを満たすために非行に走るのです。

「愛情の欲求不満を募らせた児童生徒に対しては、同様に厳しく罰するだけだと問題行動を繰り返す悪循環に陥る場合がありますので、児童生徒の言い分にしっかり耳を傾け、その背景にある問題を把握した上で、児童生徒が納得するように諭しながら指導することが大切」（『提要』p166）なのです。

ニイルが言うように、子どもが物を盗むのは、さびしさからです。物を盗んでいるのではなくて、愛情を盗んでいるのです。愛情に飢えた子どもに罰則を科すだけだと非行がエスカレートしてしまうのは、そのためです。

すべての問題行動の裏に、自己肯定感の低さがある

不登校、発達障害、非行……。さまざまな問題行動を起こす子どもの心に共通するのは、自己肯定感の低さです。

私が非行少年を相手にカウンセリングをしていると、彼らは「どうせ俺は」「どうせ私は」と言います。「どうせ俺は家でも学校でも厄介者扱いだから」という気持ちから、その低い自己イメージに即した行動をとってしまうのです。

この子どもたちの傷ついた心をいやしていく必要があります。

教師が、子どもの発するどんな気持ちもただそのまま認めて受け止めることで、子どもたち自身も自分で自分の気持ちを受け入れることができるようになっていきます。

自己有用感・自己貢献感を高めるかかわりを

非行傾向のある子どもが発する「どうせ俺なんか、必要とされてない」「どうせ私なんか、いてもいなくても同じ」という言葉……その裏返しにあるのは、「もっとだれかに必要とされていたい」「もっとだれかの役に立てる存在だと実感したい」という気持ちです。

大人でも同じです。想像してください。あなたが校長から、「この学校には、○○先生、あなたの力がどうしても必要です」と言ってもらえたら、やる気が出ますよね。逆に、「校長は、私なんかいてもいなくても同じだと思っている」「校長は自分のことを無能な存在として扱っている」と思うと、モチベーション（やる気）が下がりますよね。子どもも同じです。

教師ができることは、クラスの中で子どもたちの自己有用感や自己貢献感が満たされていくものを用意することです。その子のための特別な「係」を作ってもいいでしょうし、行事でその子の「出番」をつくるのもいいでしょう。「自分はここで必要とされている」と実感できる場を提供していくのです。「先生はこのクラスを○○なクラスにしたいと思っているんだ。そこで○○君、どうしても君の力が必要なんだ。力を貸してくれないか」――そんなストレートなメッセージを言葉にして伝えていきましょう。

「自分のことを必要としてくれる人がここにいる」と実感できるボランティア活動

子どもの自己肯定感を高めるための方法の一つにボランティア活動があります。実践例を二つ紹介しましょう。

一つは、保育園のボランティア活動です。

非行傾向のある少年を保育園に行かせて園児の世話をさせました。最初は「面倒くせえなぁ」

と思っていた少年ですが、園児がお兄ちゃん、お兄ちゃんと慕って寄ってきます。「お兄ちゃんに遊んでもらえて楽しい！」と笑顔で喜んでくれる子どもたちがいる……。その中でこの少年は「こんな俺でも必要としてくれる人がいる」と実感でき、行動も落ち着いていきました。

もう一つは、老人クラブでのボランティア活動です。

ある少年は、ゲートボール場に行ってお年寄りとゲートボールを一緒にやったり、進行のお手伝いをしていました。そこで高齢者から、「やっぱり若い人が一緒にやってくれると楽しいねえ」「また来てくれると嬉しいなあ」と言ってもらえました。その言葉を聞いて「自分を必要としてくれる人がここにいる」と実感できたのです。

こうした体験を通して、少年たちの問題行動は沈静化していきました。

大人にできるのは「自分は必要とされている」と実感できる場を提供していくことです。（自己肯定感の高め方について、詳しくは、拙著『自分を好きになる子を育てる先生』図書文化社刊をお読みください。）

多くの子どもたち、若者たちは、「自分は他人から必要とされている」と実感できる場面を求めています。この気持ちが満たされないときに、自分のことを必要としてくれる人がいる代替集団として、非行グループに入るのです。

アドラー心理学「問題行動を引き起こす三つの動機」

非行傾向のある子どもたちには、「必要とされたい」「かまってほしい」という欲求が強くあります。そこを理解せずに強引な指導で子どもたちを追い込むと、「何で俺のことをわかってくれないんだ。だったらもっと困らせてやろう」と、大人への反発から非行が激しくなります。

では、どうすればいいのでしょうか。参考になるのは、アドラー心理学です。

アドラー心理学では、子どもが問題行動を起こす動機を「注目・関心」「権力・闘争」「復讐」の三つに分けて考えています。

問題行動の動機①「注目・関心」

アドラー心理学では、問題行動が激しくなるときの最初の動機は「注目・関心」であるといいます。先生やほかの子たちから注目されたい、関心を向けてほしいという気持ちから、つい目立つような行動に走ってしまうのです。

例えば、中学校の全校集会で校長先生が真っ赤な帽子をかぶっている生徒に対して、「おい〇〇、帽子を取れ。取れって言っているだろう！」と、全校生徒の前でしかり飛ばしたとしましょう。

すると、その子は、全校生徒から一挙に注目を浴びることになります。その視線を意識して、引くに引けなくなり、行動がエスカレートしていきます。髪を染めている生徒をほかの生徒の前で厳しく叱責すると、髪の色や髪形がもっと派手になっていくのも同じ心理です。

問題行動の動機②「権力・闘争」

しかし、それでも先生が強引な指導を続けると、子どものほうは「引くに引けない」「屈服するわけにはいかない」という気持ちになります。教師と生徒の間に「権力・闘争」をめぐる闘いが繰り広げられるのです。子どもは先生に屈したくないので、「意地でももっと問題を起こしてやる」となって行動はさらにエスカレートしていきます。

問題行動の動機③「復讐」

それでも先生が強い指導で生徒を屈服させようとすると、今度は「復讐」が主たる動機となっていきます。

「復讐」の例で私が思い出すのが、売春をしていたある子どもの、カウンセリング中の言葉です。

その子は、地域で一番の進学校に通う、清楚なイメージの女子高生でした。売春の理由を聞くと、「別にお金が欲しいわけではありません。お金を払って私たちとエッチしようとするようなオジサンなんか、ほんとうは嫌いです」と言うのです。

「では、どうしてそんなことをしてしまうの?」と聞くとこんな答えが返ってきました。

「汚いオジサンを相手に売春をしていると、なんだかすごくほっとするんです。お母さんの期待からいちばん遠く離れたところに行けた気がするから。こんなことしているのを知られたら、さすがにお母さんも私をあきらめてくれると思って……」

教育熱心でとても厳しい母。母の期待は重すぎて抱えきれません。それでも子どもは、親の期待に応えようと必死に努力します。しかし、「もう限界だ」となったときに、母親が聞いたら最も悲しむような行為をするのです。

アドラー心理学の三つの問題行動への動機は、問題行動の背景にある子どもの心理を考えるうえで、ぜひ押さえておきたいものです。

「いきなり型非行」の裏に発達障害の可能性

目立たない生徒が突然、非行に走ることがあります。

「普段は真面目で、自己主張せず、目立たず、仲の好い友人関係も持てないような児童生徒が突然、比較的重大な非行に及ぶこともあります」（『提要』p168）

このような突然の非行を「いきなり型非行」と呼ぶ場合があります。このような非行の背景に、発達障害がかかわっている可能性があります。とくに性非行を繰り返す子どもの六割ぐらいが、発達障害をもっているというデータもあります。

おとなしかった子が、教室の中で突然、暴れ始めることもあります。例えばクラスメートにからかわれたとき、それを大きな脅威と感じてしまい、自分の身を守るためにいすを投げてしまったり、近くの棒で相手を突いてしまったりすることがあります。本人としては、ただパニックになってしまい、自分でどうしていいかわからなくなっているうちに、気がついたら大事にいたってしまったということも少なくないのです。

発達障害の子どもは、からかいをからかいと受けとめられず、突然パニックを起こすことがあります。ちょっとからかっただけのつもりでいたのに大きな反応が返ってくるので、周りの子はとまどってしまいます。しかし、その子本人の心理に即して言うと、多くの場合、非常に大きな脅威を感じてしまい、自分の身を守るためにやっているのです。本人にしてみれば、ただ自分を守っているだけで他者に危害を加えようという意図はもっていないのです。

心の絆を粘り強くつくっていく

問題行動を次々に起こす子どもに対して、「この子は手がつけられない」と、親も教師も投げ出してしまうことが少なくありません。

すると、ますます問題行動が激しくなっていきます。他者の目に敏感なこの子たちは、大人から「あきらめられること」に非常に強く反応するのです。

では、どうすればいいのでしょうか。必要なのは「裏切られてもけっしてあきらめない粘り強いかかわり」です。教師や親にあきらめられたと感じることで、子どもの自己肯定感はさらに低下し、投げやりになってしまいます。教師が「何度裏切られても、けっしてあきらめない。見捨てない」かかわりを続けることで、子どもの心にジワーッと灯がともっていくのです。

『提要』の次の文章は、子どもの心理を知るうえで大切です。

「非行に走る児童生徒は、家庭や学校に居場所がなく、居心地の悪さを感じています。そこで、本当は保護者や教員に甘えたいのに甘えられず、すねたり、反抗したりする行動を通して、かかわりを求めるのです」(p169)

「保護者や教員にとって何よりも大切なのは、『我が子』『我が児童生徒』という意識で、愛情を持って児童生徒としっかりつながっていくことです。保護者や教員を困らせるような行動があっても、まずは、そのように行動せざるを得ない背景を考えて、児童生徒を好きになることです。そして、児童生徒との間に心の絆を作っていくのです。根気強く接し、児童生徒の中に自分を心配してくれる保護者や教員のイメージが内在化すれば、自然に規範意識が芽生えて

くるものなのです」（p169）

その子を好きになって心の絆を粘り強くつくっていく――これが、教師にできる最上のことなのです。

姉御肌の女性教師を突破口に

生徒指導の中心となるのは、四十代後半から五十代前半の男性教師が多いでしょう。ただ、非行傾向のある子どもたちを男性教師が頭ごなしにしかり飛ばすと、教師に対する反発がエスカレートしていきます。

では、だれが非行少年とのかかわりの突破口になれるかというと、できれば二十代後半から三十代前半の、少し気の強い姉御肌の女性教師でしょう。イメージとしては、ドラマ『ごくせん』の仲間由紀恵さん（組長の娘で高校の教師）です。

私はよく学校コンサルテーションで、「ちょっと気の強い、姉御肌の先生はいますか」と聞きます。こういうタイプの女性教師に、非行傾向のある子どもたちが心を開くことがあるからです。

例えばある中学校で、「俺は暴力団の組長の息子だから、進学なんかしねえよ」と言って突っ張っていた生徒がいました。この生徒が、姉御肌の女性教師のところに行って、ふともらしたのです。

「先生、俺、ほんとうは高校に行きたいんだよ。でも、一度行かないって言っちゃったから、いまさら行きたいなんて言い出せなくて……。どうしたらいいかな」

――こんな瞬間に、突っ張っているように見える生徒が、ふと、本音をもらすのです。

追いかけっこで甘え欲求を満たす

教室に入らずに、校内をうろうろしている生徒たちがいると、教師は黙認するわけにはいきません。その子たちを追いかけることになります。すると、生徒のほうも逃げることになり、振り回された教師はフラフラになります。

そんな生徒が中学を卒業するときによく、こんな言葉を口にします。「高校の先生は追いかけてきてくれないって聞いてる。卒業するの、さびしいなあ」。

つまり、逃げる生徒も実は追いかけられるのがうれしいのです。教師が追いかければ追いかけるほど、子どもたちはうれしくなってもっと逃げます。教師はたまったものではありませんが、この追いかけっこの中で生徒はさみしさや甘えを満たしているのです。

●暴力行為への対応

生徒のイライラにどう対応するか――コーピング

生徒がイライラしたときにどう対応したらいいか。生徒自身に対処法を学ばせていくことが大切です。この対処法のことをコーピングと言います。

実践例を一つ紹介しましょう。ある先生は、すぐに「キレる」子どもに、「心の天気図」のカードを持たせています。晴れ、曇り、雨、台風といったお天気のマークが描かれたカードで心の状態を表すのです。そして「雨から台風になりそう」というカードを子どもから受け取ったら、すぐにその子どもを別室に移します。教室を出て、集団から切り離されると多くの子どもは落ち着いていきます。

また、この学級には、その子にすぐちょっかいを出す子がいて、それがこの子がキレる要因の一つになっていました。そこで、「からかわれたら、やり返さずにすぐに別の場所（保健室や職員室）に移ろうね」と対処法について子どもと話し合っておくことが大切です。

●いじめへの対応

「いじめは断固として許さない」という教師の本気を伝えていく

いじめ問題への根本的な対応は、学校を「正義の共同体」に変えていくことです。例えば、授業中に生徒がほかの生徒をからかっているとします。こんなときに「いい加減にしておけよ」と教師が事態を黙認するような声かけをすると、実質的にはいじめを許容しているというメッセージが生徒に届いてしまいます。こうしたちょっとした機会に「いじめは絶対に許さない」という姿勢を、教師集団が一丸となって本気で伝えていくことが大切です。

「いじめに取り組む基本姿勢は、人権尊重の精神を貫いた教育活動を展開することです。『いじめは人間として絶対に許されない』という意識を一人一人の児童生徒に徹底させるとともに、教職員自らそのことを自覚し、保護者や地域に伝えていくことが必要」（『提要』p174）なのです。

実践例の一つとして、学年の教師が学年の子どもたち全員の前で本気のいじめのロールプレイを行うという方法もあります。いじめる子、いじめられる子、観客役、傍観者の四つの役に分かれて、いじめられる役を演じていた教師が思わず涙を流してしまうような「本気度の高い」ロールプレイを見せるのです。

言葉で伝えるだけにとどまらず、いろいろな場面を通して、毅然とした態度で、「いじめは、ほんとうに許さない」という姿勢を、繰り返し伝えていくのです。（拙著『教室に正義を！いじめと闘う教師の13か条』図書文化社刊をご覧ください。）

いじめられている子どもを守ること（被害者保護）が何よりも重要

いじめが最もよく見られる場所の一つが、下校時と、放課後のトイレです。

次のような場面を想像してみましょう。トイレの前に、四人の男子生徒（中二）がいます。三人は普段から仲がいいのですが、そのうち一人は「何でこの子が、この三人と一緒にいるのかな」と思う子です。こんなとき、あなたなら、どのように対応するでしょうか。

「おい、早く帰るんだぞ」などと声かけをして、その場を立ち去ってしまっては、その後にトイレで起きるいじめを教師が黙認したようなものです。

この場合は、ターゲットになりそうな子の手首を握ってその場所から連れ去ることが大切です。そして、その子に実状を聞き、その後しばらくは、登下校場面からその子を完全にガードする体制をとります。

いじめの対応でいちばん大事なのは、いじめが発覚した際に、いじめている子ども（加害者）の指導の前に、何よりも優先して、いじめられている子（被害者）を守ることです。

いじめられている子どもに、先生方がつい言ってしまう三つの言葉があります。

「あなたにも悪いところがあるでしょう」

「あなたがもっと強くなればいいのよ」

「気にしなければすむ話でしょう」

——これらの言葉を言ってしまうと子どもたちは、「先生にいじめを相談して損をした」という気持ちになり、心を閉ざしてしまうでしょう。

先生方にわかっていただきたいことは、いじめを受けている子どもが、それを教師に相談することがどれだけ勇気のいる大変なことかということです。

それなのに、子どもの話をよく聞きもせず「ほんとうなの？」と疑ったり、「おまえも悪いんじゃないのか」などと指導を入れていくのは絶対にやってはいけないことです。

子どもは大変な決意と勇気をもって相談してくれたのです。「あなたのことは必ず私が守る」と宣言して、毅然とした態度で対応していきましょう。

いじめの学級指導は本人と保護者に了解を得てから

教師がいじめの指導を間違うと、いじめがさらにエスカレートしていきます。

　ある教師が、いじめを受けていた子どもが欠席しているときに、クラスの子どもたちに、「なぜ○○さんのことをいじめるのか、その理由を書きなさい」とプリントを配ったことがありました。こんなことをしてしまったら、「嫌いだから」「キモイから」などと書かれることくらい予想できそうなものです。「先生もわかっている。やっぱりあいつはいじめていい存在なんだ」と、いじめのゴーサインが出たようなものです。このようないじめられている子の安全への配慮を欠いた指導によって、いじめはますますエスカレートしていきます。

　このケースでは、クラスでのいじめはさらにひどくなり、いじめを受けた子どもは完全に不登校になってしまいました。烈火のごとく怒ったのは保護者です。当然といえば当然です。教師が無神経な指導をしなければ、ここまでエスカレートすることはなかったのですから。

　いじめが発生したときの学級指導については、いじめられた子本人と保護者の了解を得る必要があります。そうしていれば、この教師もどんな指導をすればいいのか、いったん立ち止まって考えることもできたはずです。

保護者面接で「録音させてほしい」と言われたとき

　子どもがいじめられていると知り、保護者が来校して教師と面接する際に、「先生との会話を録音してもいいですか」「メモをとらせてください」などと言われることがあります。

先生方としては「記録を元に何をされるかわからない」と不安が生じることが多いようです。しかし、自分の子どもがいじめられたと知って、保護者が精神的に追い込まれていくのは当然です。「録音したい」と言われたら、「どうぞ、かまいませんよ」と返答することです。録音を拒否すると、保護者としては学校は何か事実を隠蔽しようとしていると考えてしまいます。

いじめのチーム対応

いじめが発覚したら、担任個人の判断で独走しないことが大切です。

「いじめを把握したら、関係者が話し合い、対応チーム（生徒指導主事、教育相談担当者、養護教諭、学年主任、担任などで構成）を組織し、指導方針を共通理解した上で役割分担し迅速な対応を進めます」（『提要』p174）

学級の指導は学級担任、保護者対応は学年主任、いじめられている子どものケアは養護教諭、といったように役割分担してチームで対応し、それぞれの対応と情報について共有していくことが必要です。

●不登校への対応

不登校予防は〝ルールとふれあいのある学級経営〟で

不登校予防の要は、ルールとふれあいのある学級経営です。

「すべての子どもが安心して通える」「ルールが守られていて安心感がある」「お互いを認め合ってふれあいがある」「自分はここにいていいんだな、必要とされているなと思える」……こういった学級の中で、子どもたちの登校意欲は支えられます。

「クラスの中でその子が貢献できる役割をもたせる」ことも大切です。

「不登校傾向のある子どもには、プレッシャーを与えないほうがいい」と多くの先生は考えがちです。

けれどだれでもそうであるように、そこに行っても何もすることがないし、役割も与えられていない集団は居心地が悪いものです。

保健室登校の子どもに、学級での役割を与えることで、教室復帰を促すこともできます。できれば、自分なりにがんばれる役割活動を自分で決めさせるのがよいでしょう。

「エリちゃんは、カメが好きだったよね。カメ係をやってみない？」と水を向けるのもいいでしょう。係活動をしに教室に来ることで、「私もこのクラスでやることがある」という居心地のよさを感じて、学級復帰に成功したケースもあります。

長いスパンで見て、無理をしない支援が大切

不登校の子どもへの対応法で重要なのは、「この学年のうちに学級復帰させせよう」「私が担任でいるうちに学校復帰させよう」などと、性急に考えないことです。自分が担任をしている間だけで考えず、その子の人生を長い目で見ていくことです。

「長い目」で見るならば、学級復帰や学校復帰以上に、社会復帰や人間関係復帰をすることのほうが、その子の人生全体にとって大きなメリットがあります。

「不登校の解決に当たっては、『心の問題』としてのみとらえるのではなく、広く『進路の問題』としてとらえることが大切です。ここでいう『進路の問題』というのは、狭義の進路選択という意味ではなく、不登校の児童生徒が一人一人の個性を生かし社会へと参加しつつ充実した人生を過ごしていくための道筋を築いていく活動への援助をいいます。つまり『進路の問題』とは、『社会的自立に向けて自らの進路を主体的に形成していくための生き方支援』と言い換えることもできるでしょう」（『提要』p188）

「学校にいつ復帰できるのか」「どの学校に進むのか」といった短いスパンで考えるのではな

く、「この子の人生全体にとって、何ができていることが重要なのか」という長いスパンで考えていくことが重要です。

短いスパンでの学校復帰にこだわりすぎたために、結果的にその子の人生にとってマイナスの影響を及ぼしてしまうことはよくあります。

例えば、「修学旅行だけはみんなで行こう大作戦」を立てる先生がいます。それまで二週間に一度のペースで登校していた子どもについて、「あの子は来てしまえばみんなと仲よくできるから」などと考えて子どもに働きかけ、なんとしてでも修学旅行に参加させようとするのです。

しかし、たとえ修学旅行に行けたとしても、三日間無理してがんばった結果、すべてのエネルギーを使い果たしてしまい、旅行後、卒業まで一回も学校に来られなくなった……ということが起こってしまいます。そうなると、高校への進学もむずかしくなることがあります。

もし、修学旅行には行かず、そのまま二週間に一度の登校のペースを続けていたら、高校には毎日通えていたのかもしれないのです。

「その子の人生をトータルで見てプラスになる支援」を行っていくことが重要です。

多様化する不登校の状態像

不登校の子どもに、どういうかかわりをしたらいいのか、考えてみましょう。

「不登校の児童生徒がどのような状態にありどのような援助を必要としているのか、その都度見極め（アセスメント）を行った上で、適切な働きかけやかかわりを持つことが必要です。ただし、一口に『かかわる』と言っても、その内容はさまざまです。不登校の状態像も多様化しているのに合わせて、対応も多様化することが求められます。ただ単にかかわればいいというものではなく、『この児童生徒はどんなタイプの不登校か？』、『どのようなニーズを抱えているのか？』を見極め、その上で『だれが、いつ、どのようなかかわりをすべきか？』が判断されるべきだといえます」（『提要』p188）

どんなタイプの不登校なのか、その見きわめが重要なのです。

小学校の不登校への初期対応のコツ――月に三日休んだらその理由に関係なく、関係づくりのうまい教師が家庭訪問

小学校の子どもたちは、まだ「学校に行きたくない」という自分の気持ちをうまく言葉で表現することができません。「本音を言わない」のではなく、「自分でも自分の気持ちがわからない」のです。そしてそこで抑え込まれた気持ちは、「おなかが痛い」「頭が痛い」などの身体的な症状として表現されます。

子どもが「おなかが痛い」「頭が痛い」と言って学校を三日、四日休む——これを単に「病欠」と考えるのではなく、不登校の初期症状としてとらえることが大切です。保護者から連絡を受けた担任が、「あの子は体調不良なのだ」と考えてしばらく放置していたら、いつの間にか不登校が長期化していたというケースがよくあります。後から振り返ったとき、「あれは心因性の腹痛、頭痛だったのだ」と思い当たるのです。

そこに目をつけたのが、栃木県の鹿沼市教育委員会です。

鹿沼市では、小学生で月に三日以上休んだ子どもに関して、欠席の理由にかかわりなく教育委員会への報告が義務づけられています。そして教育委員会の相談担当者が家庭訪問をします。そこで心をなごませたら、一緒に登校するといった支援を行います。この取組みにより、鹿沼市では不登校が一挙に約四割減ったといいます。

小学生は、「頭が痛い」「おなかが痛い」などと身体症状を訴えるため、単なる病欠としてカウントされている初期の不登校の子どもが少なくありません。こうした子どもたちに早期にかかわり、「三日以上休ませないようにすること」が不登校対策のポイントになります。

十日欠席したら、それが不登校の「原因」となる

不登校は早期対応が非常に重要です。二日連続で「おなかが痛い」「頭が痛い」といった理

由で休んだ時点で、その子と関係のつきやすい大人が家庭訪問するようにしましょう。「頭痛や腹痛で三日休む子どもの半分近くが不登校の初期症状」と聞いて、「でも半分は違うのだから、家庭訪問はまだしないほうがいい」と思う教師がいたら、私は担任失格だと思います。「半分近くも」可能性があるのです。

家庭訪問をして、ただのお見舞いになってもいいではないですか。まだ三日程度の欠席ならば、学校復帰できる可能性は高いのです。

不登校の「きっかけ」と「原因」を分けて考えるようにしましょう。「きっかけ」はさまざまあると思います。教師からしかられた、友達からからかわれた、仲間はずれにされた、トイレに頻繁に行きたくなる、など……。

しかし、そのきっかけが引き金となって「十日」休んでしまったら、「十日休んでしまったこと」自体が不登校の原因になります。体が家で無為に過ごしている状態に慣れてしまうからです。

一週間、十日間と休んでしまうと、体が家にいることに慣れてしまって、もう学校へ行けなくなります。

これは私たち大人に置きかえても実感できると思います。体調を崩して二日間家で寝ていただけだと、翌日勤務するのはそんなに大変ではありません。しかし、十日間入院していて、その後に職場に戻るとなったら、かなり大変でしょう……。

「大変だな、面倒くさいな。勉強はだいぶ遅れちゃったし、十日も休んだ私のことをみんなはどう思っているだろう」――こういう思いから、不登校になるのです。つまり、十日間休んだこと自体が不登校の原因となるのです。

そう考えると、「十日間休むという不登校の原因」を生み出さないために、二～三日欠席した時点で対応する必要があります。とくに小学校の不登校は、早期発見・早期対応で大きな効果が出ることは、鹿沼市教育委員会の例を見てもわかります。

不登校の三つのタイプ――「考えすぎ型」「燃え尽き型」「低エネルギー型」

小学校高学年以降になると、不登校の形態も多様化してきます。大きく分けると三つのタイプに分かれます。それぞれのタイプの対応法をみていきましょう。

一つ目が「クヨクヨ考えすぎ型の不登校」です。

この子どもたちには、対人恐怖的な傾向があり、他人の目をすごく気にします。ですから、ほかの子が学校に行っている間は、外に出ようとはしません。このタイプへの対応としては、登校刺激を与えすぎないことが大切です。

二つ目のタイプが「燃え尽き型の不登校」です。

優等生タイプの子どもが、努力したにもかかわらず思うような成績がとれず、気持ちが一気に沈んでしまい、不登校になる、といったケースです。もともとエネルギーが高いだけに落ち込んだときには大変です。軽いうつ病になっている可能性もあります。このタイプの子への対応で大切なのは、一時期しっかり休ませることです。エネルギーが少し戻ってくるまで登校刺激は控えましょう。

このタイプの子どもには、登校刺激をまったく与えない時期が必要です。その後、例えば保護者から「最近、うちの子は学校のことをよく話すんです」といった情報が入ってきたら、少しずつ登校刺激を与えていきましょう。このギアチェンジのタイミングが重要になります。

三つ目が「低エネルギー型の不登校」です。エネルギーそのものが低い子どもたちで、いまこのタイプの不登校がとても増えています。

「考えすぎ型」や「燃え尽き型」の不登校の子は、「学校に行かなければいけないけど、行けない」と強く思っています。そして、そんな自分を責めることで、エネルギーを奪われていくのです。いっぽう「低エネルギー型の不登校」の子は、「学校に行かなくては」という気持ちが最初から低いことが少なくありません。このタイプの子には、登校意欲そのものが低いのですから、放っておいたら来ません。登校刺激を与え続けていく必要があります。

むずかしいのはどのタイプともつかない「混合型」の不登校が少なくないことです。一見エネルギーが低くて、ぼーっとしているように見えますが、学校に誘ってみたらビクビクする子どもに対しては、対応を切り替える必要があります。発達障害をもっている子どもも少なくありません。

こうした「混合型」タイプの不登校の子どもは、少しかかわってみて、子どもがどういう反応を示すか、よく見ていくことが必要です。少し学校へ誘ってみたら、ビクビクして強い不安を示したり、親に暴力をふるう子もいます。こうした場合は「まだ学校に誘うのは早かった」と考え、「待つ」姿勢に切り替えていく必要があります。

不登校のタイプの見きわめは慎重に行う必要があります。最初から「この子はこのタイプ」と決めつけるのではなく、その子にかかわりながら、それに対する反応をよく見て、どんなふうにかかわればいいかを考え続けていく必要があります。

不登校の保護者への対応

長期の不登校の子どもにはかかわらなくなる先生もいます。

保護者が「うちの子は、もう、いいです。どうせ学校へは行きませんから」と言っているのを真に受けて、「あの親は学校に行かせる気がない。あの親が問題だ」などと責め立てる教師もいます。

「保護者は、担任の先生には本心が言えないものだ」ということをわかっていただきたいです。

保護者が言う「うちの子はどうせ学校へは行きませんから。放っておいてくださってかまいません」という言葉の多くは強がりです。

ほんとうは、毎晩のように「もしかしたら明日こそ、学校へ行ってくれるかもしれない」という思いを抱いている方が多いのです。

長期の不登校の子どもの親御さんから、こんな話をよく聞きます。

「うちの子は担任の先生からついに見放されてしまいました。学校の行事予定表が届かなくなってしまったのです……」。

「もしかしたら、明日突然学校に行ってくれるかもしれない。でもせっかく明日学校へ行っても、もし遠足でクラスに誰もいなかったりしたら……。うちの子は二度と立ち直れないでしょう」。

「長期欠席の子どもの保護者との最後の絆」が、学校の行事予定表なのです。

それなのに、「保護者が取りに来ないから渡せない」「近所に同じクラスの子どもがいないから配れない」などと言う先生がいます。

郵送でもいいから行事予定表を送り続けましょう。それが保護者の最後の希望の光となっていることが少なくないのです。

不登校の子の保護者への対応について『提要』では、以下のように述べています。

「不登校の児童生徒と直接向き合っている保護者の不安や悩みはたいへん大きく、時にそれが児童生徒の心身の状態に影響を及ぼすこともあります。こうした保護者を支援し、児童生徒のみならず家庭に対し適切な働きかけや支援を行うことが、不登校児童生徒本人にも間接的な効果を及ぼすものと期待されます。その意味からも、保護者に対し担任の教員や養護教諭が相談に応じたり、必要な専門的相談の場を紹介したり、適時適切な対応が求められているといえます」（p189）

子どもの不登校に気をもむあまり、うつ病になってしまう母親も少なくありません。この場合スクールカウンセラーとの面談を設定するなどして、まず母親の心を支えることが、間接的に不登校の子どもの支援にもつながります。

保護者に対して、「お子さんのこと、いつも気にかけていますよ。応援していますよ」というメッセージを送り続けていただきたいのです。

引きこもり――年賀状と暑中見舞いを十年間出し続けてください

引きこもりのケースは深刻です。中三の途中で不登校になり、そのまま五年、十年、二十年と家にこもったままの生活を続けている人もいるからです。

このとき、この子とその親にとって「中三のときの担任の先生」が、十年たっても心の支えになっていることがあります。「担任」の存在は、それほどまでに大きなものなのです。

例えば、中学三年までは学校に通っていたけど、高校につながらずに引きこもっている、とか、高一の一学期に不登校になって、中退し、その後どの学校にも職場にもつながっていない子どもがいます。こういう引きこもりの子どもに対して、中三のときの担任（ないしは、養護教諭や相談担当の先生）は継続してかかわりをもち続けてほしいのです。

私は、引きこもっている子どもの「最後の担任」の方に、「年賀状と暑中見舞いだけは十年間、送り続けていただきたい」とお願いしています。

担任にとっては、大勢いる教え子の一人でも、その子にとっては、いつまでたっても「最後の担任」なのです。

とくに、引きこもっている人の場合、担任とのつながりだけが、家族以外との唯一のつながりになっていることが少なくありません。

ある高校の先生からこんな話を聞きました。

高校を中退し、その後、引きこもり状態になったある生徒がいました。担任をしていた先生は、その子のことが気になっていて、年賀状と暑中見舞いを十年間送り続けたといいます。

ある日、その子の母親から連絡があり、その子が交通事故で亡くなったことを知りました。お葬式に行くと、母親が先生に、その子の日記を読ませてくれました。日記を開くと、十年間、その先生のことだけが書いてあるのです。やりとりは年賀状と暑中見舞いのみで、退学してから十年間、一度も会っていないにもかかわらず……。

引きこもりの子どもは、それぐらい社会との接点が少ないのです。「最後の担任」の先生とのつながりが、この世界との唯一のつながりであり、それだけを心の支えとして生きている——そんな子どもも少なくありません。

ずっと引きこもっている子どもにとって、「最後の担任」「最後にかかわった先生」は、それぐらい大きな存在だということを心の片隅に置いておいていただきたいのです。

第11章　インターネット、性、虐待、自殺など現代的な課題

インターネット、性に関する課題、児童虐待、薬物乱用、自殺予防などの現代的な課題について取り上げ、対応策を考えます。

●インターネットと携帯にかかわる課題

ネット被害は、予防教育を積極的に

ネット被害の問題で重要なのは、学校で予防教育を積極的に行っていくことです。いまは道徳の時間などで、情報モラル教育が行われています。

情報社会を生きる子どもたちを守り、危険を回避させるためにも、情報安全教育も重要です。

掲示板への書き込み、プロフ（プロフィール紹介サイト）などで、どんなトラブルが起きて

いるかを子どもたちに伝え、考えさせます。ネット被害にあったときの対応を教えるいっぽうで、他人を傷つけるような書き込みは、相手の人権を侵害することになり、名誉毀損や侮辱罪で警察に訴えられることもあるという事実をしっかり伝えていくことが重要です。

しかし、実際のネット被害は、教師の目のとどかないところで起こっています。

保護者から、「先生方は学校のサイトがあるのを知っていますか」と聞かれることがあります。いわゆる「学校裏サイト」の存在です。ネットやメールを使ったからかいによって不登校になる子どもも少なくないというデータもあり、大きな問題になっています。しかし、裏サイトというだけあって、なかなか表には出てきません。こういうときこそ、家庭と学校の連携が必要です。先生方がすべての情報を把握するのは不可能ですから、問題のあるサイトを発見したらＵＲＬを教えていただくよう情報提供を保護者に呼びかけて一緒に対応策を練っていくことが重要です。

『提要』にも、出会い系サイトのほかアダルトサイト、違法薬物販売サイト、自殺方法に関するサイトなどから子どもを遠ざけるため、「保護者に対し、家庭内で児童生徒も使用するパソコンについて、フィルタリングの利用を呼び掛けることが重要です」（p176）とあります。

相談窓口を子どもたちにも伝える

「このメールを一週間以内に十人の人に送らないとあなたは不幸になります」――こうしたチェーンメールが子どもたちの間ではやっています。対処の仕方をきちんと教えるべきでしょう。

誹謗中傷などの迷惑メールで悩んでいる子どもは結構多いのですが、教師には相談しづらいものです。そこでトラブル予防のために、あらかじめ子どもたちや保護者に相談窓口を教えておくことが必要です。『提要』には、誹謗中傷被害を受けた場合について以下のように述べられています。

「加害者（発信者）にメールなどで削除を求めても、それに応じるとは限りません。また『ネットの匿名性』のために通常は加害者の特定が困難です」（p177）

「法務省の人権擁護機関では、不当な差別情報などに関する人権相談を、各法務局の窓口で受け付けています。次に、違法・有害情報の通報受付窓口として、財団法人インターネット協会が運営する『ホットラインセンター』があります（無料）」（p177）

「社団法人テレコムサービス協会内に設置された『違法・有害情報相談センター』が、学校関係者などを対象に、インターネット環境における違法・有害情報、安心・安全にかかわる無料相談を受け付け、相談員が内容に応じて助言しています」（p177）

●性に関する課題

性の問題にかかわる養護教諭の役割

児童生徒が抱える性の問題について養護教諭が発見することがしばしばあります。

「養護教諭は、けがなどの救急処置や体の不調を訴えて来室する児童生徒を始め、不登校傾向、非行や性に関する問題のある児童生徒などにも日常的に保健室でかかわる機会が多く、いじめや虐待などの問題を発見しやすい立場にあります。見付けにくい性的虐待や性被害なども、本人からの訴えや健康相談、保健室での会話や様子の観察などで、発見されることがあります」（『提要』p179）

ある高校の養護教諭は、マラソン行事の前に健康チェックをしたら、妊娠している生徒が八人も見つかったと言っていました。

性の問題への対応において中心的な役割を果たすのは、やはり養護教諭です。その役割は大きく三つあります。

一つ目は、健康教育や予防教育、性感染症などに関する知識を子どもたちに具体的に伝えること。二つ目は、生徒の健康状態を定期的に確認すること。「最近、生理がない」と言っている生徒の相談にのることなども重要な役割です。三つ目には性的虐待や性被害などの早期発見に努めることです。

性的被害に遭った子どもの心のケア

子どもたちが登下校中や塾の帰りなどに性的な被害（性器を見せられた、触らされたなどの痴漢被害）に遭った子どもの心のケアも重要です。

警察から「この地域にはわいせつな行為をする人がいますので注意しましょう」という情報が流れたときは、児童生徒が被害に遭っていることが多いものです。

被害に遭った子どもたちは、被害に遭ったその道を通れない、その地域に行くだけで震えが止まらない、といった症状に苦しめられます。

子どもが性的被害に遭ったときの対応で注意が必要なのは、情報を多くの先生で共有しすぎないことです。時に子どもに冷やかしの声をかけたりする心ない先生がいて、さらにその子を傷つけることにもなりかねません。秘密を厳守できる教師のみに情報共有の範囲をとどめるべきです。

●児童虐待への対応

虐待を見つけるポイント

児童虐待には、身体的虐待、性的な虐待、ネグレクト、心理的虐待の四つがあります。

児童虐待を見つけやすい立場にいるのは、学級担任や養護教諭です。例えば、体育の時間や夏の衣替えシーズンに体にアザがあるのを発見したり、けがの手当てや体の不調を訴えて保健室に来た子どもの様子から察知することができます。

教師がチェックすべきポイントについて『提要』には以下のように記されています。

「学校が、児童生徒の服装や表情、行動の特徴から気付く力を持つことも大切です。虐待が背景にある行為には、多動、盗みや火遊びの繰り返し、自傷行為、激しい暴力やパニック、断続的な欠席、下校渋り（帰宅拒否）など、知識があれば気付くことのできる、特徴あるものが少なくありません」（p184）

虐待の発見がむずかしいのは、被害児童がその話を避けようとすることもかかわっています。

私が児童相談所に勤務していたとき、虐待に遭っている子どもと面接した際、彼らは決まって虐待している親をかばうような発言を繰り返していました。

そう考えると、子どもが親に対して「嫌い」と言えるのは幸福なことです。「嫌い」と言っても、親が自分を見捨てることはないと思えている安心感があるからこそ、そう言えるのです。虐待されている子どもは、親からほんとうに見捨てられてしまうことを何よりも恐れています。そのため、親をかばうような発言を繰り返すのです。虐待されている子どもは親を守る発言をする傾向があることを知っておいてほしいと思います。

教師には虐待の通告義務がある——疑わしきは通告を！

虐待の可能性のある子どもを発見しても、すぐに児童相談所や警察に通告するのをためらう校長がいます。

担任が虐待を疑って校長に相談したところ、「まだ虐待されているというはっきりした証拠があるわけではない」と通告を待つように言われることも少なくないようです。しかし、学校には、虐待の事実があるか否か、それを調査する権限も調査能力もありません。担任がたずねても、保護者も子どもも「自分で転んだだけ」と言っていると結果的に放置してしまうことになりかねません。

しかし、学校が虐待の通告をためらっている間に、子どもの命が奪われてしまう危険性もあります。虐待については「疑わしきは通告する」義務があるのです。

「虐待の疑いがある児童生徒を発見したら、速やかに市町村、都道府県の設置する福祉事務所若しくは児童相談所に通告しなければならないと義務付けられています。なお、この通告は、児童委員（民生委員）に仲介してもらってもよいとされています。「児童虐待防止法」は「児童虐待を受けたと思われる児童を発見した者」に通告義務を課しており、虐待があったと確証を得ることまで要求しているわけではありません」（『提要』p183）（傍線筆者）

虐待の通告義務があるのは、「児童虐待を受けたと思われる児童を発見した者」とはっきり明示されています。「管理責任者（校長）を通して」などとは書かれていません。発見者自身が「速やかに」通告しなければいけない義務があるのです。発見者（例：担任や養護教諭）が校長の指示に従ったために通告をためらっていたら、発見した本人の責任が問われるのです。

「なお、通告を受理した機関は、その通告した者を特定させるものを漏らしてはならない、と定められ、通告を行う抵抗感を減少する配慮がなされています」（『提要』p183）

通告が遅れることで、子どもの命が危険にさらされる時間が長くなることを、先生方は肝に銘じましょう。「これは虐待かもしれない」と思うことがあったら、ためらわずに通告義務を果たしましょう。

事を荒立てることが大切

「教育相談の基本姿勢は、事を荒立てること」です。これは和井田節子先生からうかがった言葉です。学校には「事を荒立てまい」とするところがあります。これに抗して「事を荒立てる」ことで、子どもが直面している問題を共有して、救っていこうとするのが教育相談の基本姿勢なのです。

「大変だ、大変だ」と言いながら、問題を共有していくのが、教育相談担当者の役割です。そしてこうした姿勢が虐待に遭っている子どもを救うことにもつながります。

教育相談や生徒指導でいちばんよくないのは、「この程度のことだから、何とかなるだろう」という姿勢で問題を放置することです。事を荒立てながら、問題を多くの教師と共有していけば、自然と見て見ぬふりをすることができなくなっていくのです。

虐待等の対応策に関する援助機関として要保護児童対策地域協議会があります。これは**「子どもの虐待、非行、障害などに対する支援を目的とした、地域の子どもと家庭に対する援助のためのネットワーク会議」**（『提要』p185）です。法律上の位置づけもなされて、地方公共団体は、協議会を設置する努力義務が明記されました。会議の中で、援助が必要な児童生徒についての情報をメンバー同士で共有し、各々の機関や個人の機能を活用して、地域に密着した援助を行うことをめざしたものです。

●薬物乱用への対応

薬物乱用の予防

薬物の乱用の身体への有害性、社会的な罰則、家族をはじめとした周りの人への影響などについて子どもたちに情報を与え、自分で考えさせる機会を設けることが重要です。

警察関係者を呼んで、薬物乱用防止教育を行っている学校も少なくありません。薬物の問題に関して、教師が抽象的な話をするよりも、専門的な知識をもっている方に具体的な話をしていただいたほうが効果的です。

薬物に走りやすい子どもとは

「薬物に手を染めるのは、特別な子どもだけだろう」と考える先生方が少なくないと思います。しかし、実は私たちが思うより多くの子どもが薬物を使った経験をもっています。「ちょっとだけなら大丈夫だろう」と甘い認識しかもたない子どもたちが薬物に接する敷居は、案外低いものです。

判断力が低い子どもや、誘われたらフラっとやってしまいそうな子どもが薬物に手を染めてしまう可能性は小さくありません。

子どもと接していてからだがフラフラしている、話が支離滅裂で何を話しているのかわからない、意識が朦朧あるいは錯乱しているなどの様子が見られたら、薬物を使っている可能性があります。

一見すると、統合失調症のようにも見えますが、統合失調症ほど幻聴・幻覚がはっきり起きているわけではない場合、薬物を使用している可能性があります。そうした場合、精神保健福祉センターなど、医療機関との連携が必要になります。

薬物乱用の初期対応は、匿名でも相談できる相談機関の利用も

『提要』（p165）にもあるように、

「薬物乱用の問題については、犯罪組織などによる薬物の供給が背景にある場合が多いことなどから、学校でこのような問題が起きた場合には教員単独で解決することは極めて困難です」

素人考えで対応してしまい、あとで取り返しのつかないことになっては大変です。どう対応していいかわからない場合には、全国各地の警察にある「少年サポートセンター」に連絡して、どう対応したらいいか、まずは匿名で相談してみるといいでしょう。そのうえで校長に報告し

て判断をあおぎましょう。

●自殺予防のための対応

自殺願望のある子どもは想像以上に多い

ここ数年、小学生・中学生・高校生の自殺者数は年間三百人前後で推移しています。いじめによる自殺は大きく報道されますが、そのほかの理由による自殺はあまり報道されません。そのためか、学校での自殺予防についても関心が高まってはいません。

子どもの自殺の予防で最も大事なことは、「死にたい」と訴えている子どもは、本気で死ぬ可能性があるという認識をもつことです。「死にたい、死にたいと言っている人ほど死なない」などとよく言われますが、そんなことはありません。実際に自殺をした人について、どんな前兆があったかを調べていくと、「死にたい」「消えてなくなりたい」といった発言をしていることが少なくないのです。

例えば、「先生、樹海ってどこにあるんですか」などとたずねてくる生徒がいるとしましょう。その子の訴えに真剣に耳を傾けていく必要があります。

子どもが自殺を考える多くの場合、その背景にあるのは自己肯定感の低さ、自尊感情の傷つきです。

「親は、私のことを大切にしてくれない。ほんとうに親しい友達もいない。先生も私の気持ちをわかってくれない。……だったらもう消えてなくなりたい」。

「ほんとうに死ぬ寸前までいって、私がほんとうにつらいことをわかってもらいたい」。

自殺を考える子どもたちの多くがそんな思いを抱いています。

「屋上から飛び降りてしまいたい」と言う子も珍しくありません。どの中学校でも一人はいるのではないでしょうか。

ギリギリの線で踏みとどまっていて、何とか死なずにすんでいる子どもたちは多いものです。どの中学校でも高校でも、必ずそんな子はいると考えていいと思います。

自殺の危険を感じたら

大切なのは、「まさかほんとうに死んだりしないだろう」などと、たかをくくらないことです。「死にたい」と言っている子がいたら、数パーセントは実際に行動を起こす可能性は確実にあります。

自殺の危険を感じた場合の対応について、『提要』では以下のように示しています。

「自殺の危険を察知した場合の対応としてＴＡＬＫの原則があります。これはTell、Ask、

Listen、Keep safeの頭文字をとってまとめたものです。

Ｔ：子どもに向って心配していることを言葉に出して伝えます。

Ａ：真剣に聞く姿勢があるならば、自殺について質問しても構いません。むしろ、これが自殺の危険を評価して、予防につなげる第一歩となります。

Ｌ：傾聴です。叱責や助言などをせずに子どもの絶望的な訴えに耳を傾けましょう。

Ｋ：危険を感じたら、子どもをひとりにせずに一緒にいて、他からの適切な援助を求めてください。自殺未遂に及んだ事実があるならば、保護者にも知らせて、子どもを医療機関に受診させる必要があります」(p182)

「死にたい」と訴えている子どもの話を、別室で聴いていて、授業の時間がくると教師は教室に行き、その子を一人にすることがあります。これは、非常に怖いことです。自殺願望のある子どもを一人にはしないことが大原則です。

学校では毎日毎日、次々といろいろなことが起こります。「死にたい」と訴えていて、死ななかった子どものことは、二〜三週間たったら頭の隅のほうにいってしまいがちです。

しかし、当の子どものほうは「私はもう忘れられた」と感じてしまい、自分のことを思い起こしてもらうために、また事を起こしてしまう可能性があります。自分の存在を気にかけてもらうために、リストカットを教師の前で行う子もいます。

リストカット

自殺の危険因子には、①自殺未遂歴、②心の病、③孤立感、④事故傾性（自己破壊傾向）があります。（『提要』p181）

先日、校内研修にうかがったある女子高校では、二年生のあるクラスの在籍生徒、39名中38名がリストカットをしていました。リストカットは一種の伝染病のように広がることがあります。

しかし、だからといって、「リストカットは流行のようなものだ。どうせ死ぬ気はないのだろう」とたかをくくってはいけません。手首を切っているのですから、当然のことながら、切りすぎてしまうと死に至る危険性があります。

「どうせ本気で死ぬ気はないんだから」と、娘さんの手首から血がポタポタ落ちているのに「いつものことだ」と放っておいて救急車を呼ばない保護者の方もいました。これは非常に危険です。

そうした親の態度を見て、子どもは「お母さんは私のことなんてどうでもいいんだ」と思い、その後もリストカットを繰り返して、最悪の場合、死に至ってしまうこともあります。『提要』にも以下のように記されています。

「これまでに自殺未遂に及んだことがあるという事実は最も深刻な危険因子です。手首自傷（リストカット）や過量服薬といった、たとえ死に直結しない自傷行為であったとしても、適切なケアを受けられないと、その後も同様の行為を繰り返して、自殺が生じる危険が高いのです」（p181）

教師個人として判断してしまわずに、スクールカウンセラーに相談したり、医療機関と連携しながら対応していきましょう。

子どものうつ病

自殺につながる心の病として、注意すべきはやはりうつ病です。スクールカウンセラーをしている私の実感で言うと、子どものうつ病はかなり増えています。とくに成績が優秀な女子中学生のうつ病が増えているように思います。

うつ病になると、雰囲気が変わります。例えば、他人から顔が見えないくらい前髪を垂らしたりしはじめます。

子どものうつ病は早期に発見し治療につなげていくことが大切です。前はしっかりしていた子がボーッとするようになった、視線が合わなくなった、給食にほとんど手をつけなくなった、といった様子の変化に目を配りましょう。

また、定期的に（一ヶ月に一回程度）心のチェックリストに記入してもらうのも、子どもにＳＯＳを発信してもらうきっかけづくりとして有効です。

この心のチェックリストの項目は、次のようなシンプルなものがいいでしょう。□のところにチェックしてもらうだけなので、五分もあれば十分です。

【子どもに援助希求（ＳＯＳの発信）をしてもらうきっかけ作りのための心のチェックリスト】

□①あなたはこのクラスにいて安心感を感じることができますか。
□②あなたはこのクラスのほかの子たちに認められていると思いますか。いいところをわかってもらえていると感じますか。
□③あなたは最近夜、眠れなくなることがありますか。
□④最近、おなかの調子が悪かったり、頭が痛くなったりすることが多いですか。
□⑤あなたはときどき、「学校に行きたくないな」と思うことがありますか。
□⑥自分はもしかすると、からかわれたり、いじられたり、いじめられているのかもしれないと思うことはありますか。
□⑦自分には価値がないと思うことがありますか。
□⑧先生にわかってもらえないと思うことがありますか。

子どもが自分でSOS（援助希求）を発信していくきっかけとして行います。①と②はクラスでの適応について、③は睡眠障害について、④は身体症状、⑤は不登校、⑥はいじめ、⑦は自尊感情、⑧は教師との関係について、援助希求をしてもらうための項目です。③の睡眠障害と⑦の自尊感情、⑧の教師との関係についてチェックがしてあると、自傷や自殺のリスクがそれなりにあると考えていいでしょう。

また、⑧にチェックをしている子どもは、面接につなげていきたいものです。⑧にチェックをしている子どもは、教師に対して「あなたにはわかってもらえない」と不信感をストレートに訴えているからです。信頼関係の再構築のための面接を行っていく必要があります。

多くの項目にチェックがついている子どもに対しては、スクールカウンセラーや養護教諭にも同席してもらい、一緒に話を聞いていくのも一案です。

〔**お知らせ**〕　人間形成にかかわる教師は，自らの自己成長，人間的成長をはかっていく必要があります。自己成長，人間的成長を目的とした心理学の体験的学習会（ワークショップ）を年に数回行っています。ご関心がおありの方は，私のホームページ（http://morotomi.net/）の研修会コーナーをご覧のうえ，メール（awareness@morotomi.net）もしくはFAX（03-6893-6701）にお問い合わせ／お申し込みください。郵送の方は，下記まで92円切手同封のうえ，お知らせください。

〒101-0062　東京都千代田区神田駿河台1-1
明治大学14号館諸富研究室内「気づきと学びの心理学研究会」宛

新しい生徒指導の手引き

すぐに使える「成長を促す指導」「予防的な指導」「課題解決的な指導」の具体的な進め方

二〇一三年七月二十日　初版第一刷発行　［検印省略］
二〇一四年五月二十日　初版第二刷発行

著　者　諸富祥彦©
発行人　福富　泉
発行所　**株式会社　図書文化社**
〒一一二・〇〇一二　東京都文京区大塚一・四・一五
電話　〇三・三九四三・二五一一
ファックス　〇三・三九四三・二五一九
振替　〇〇一六〇・七・六七六九七
http://www.toshobunka.co.jp/
装　幀　本永惠子デザイン室
印刷製本　株式会社　高千穂印刷所

ISBN978-4-8100-3630-5　C3037
乱丁・落丁本の場合はお取り替えいたします。
定価はカバーに表示してあります。